【新世紀香港社會研究

香港模式

從現在式到過去式

呂大樂 著

中華書局

□ 責任編輯：黎耀強

□ 裝幀設計：甄玉瓊

□ 排　版：甄玉瓊

□ 印　務：劉漢舉

□ 封面圖片：鄭寶鴻、Shutterstock

【新世紀香港社會研究系列】

香港模式：從現在式到過去式

□
著者
呂大樂

□
出版
中華書局（香港）有限公司
香港北角英皇道 499 號北角工業大廈一樓 B
電話：（852）2137 2338　傳真：（852）2713 8202
電子郵件：info@chunghwabook.com.hk
網址：http://www.chunghwabook.com.hk

□
發行
香港聯合書刊物流有限公司
香港新界大埔汀麗路 36 號
中華商務印刷大廈 3 字樓
電話：（852）2150 2100　傳真：（852）2407 3062
電子郵件：info@suplogistics.com.hk

□
印刷
美雅印刷製本有限公司
香港觀塘榮業街 6 號 海濱工業大廈 4 樓 A 室

□
版次
2015 年 7 月初版
2018 年 2 月第 3 次印刷
© 2015 2018 中華書局（香港）有限公司

□
規格
特 16 開（230 mm×170 mm）

□
ISBN：978-988-8340-52-1

【新世紀香港社會研究系列】總序

這是推動和發展香港社會研究最具挑戰的時刻。

一方面，九七回歸以來，香港作為特別行政區面對來自四方八面的新挑戰。由亞洲金融風暴到香港內部的泡沫經濟爆破、經濟轉型長年停滯不前到「沙士」來襲所造成的經濟蕭條、特區政府施政能量不足到其認受性受到挑戰、社會爭議不斷到頻頻出現社會抗爭、政制發展波折重重到社會分歧日趨嚴重，問題之多，需要重新認識、加深分析。過去很多視為行之有效的制度、政策，統統不再可能繼續以理所當然的態度來對待。如何面對未來發展？如何找到新的路向？已經再無一致的答案。這是反思香港的關鍵時刻。

同時，愈來愈多研究者嘗試運用不同的研究方法、使用不同的材料，將老話題重新打開，提出新的想法，又或者切入當今逼在眼前的課題，拋出新的概念、分析框架。當前香港社會研究百花齊放，新的觀點、新的假設，可以引起討論，並在社會上產生不少迴響。

可是，另一方面，當前本地大學、學院的環境，卻往往不利於香港研究的發展，而其中以中文來發表研究成果，就更加未受重視。近年本地大學提出的所謂知識傳遞，它們表示會承認知識的社會效果的說法，經常流為口號或姿勢，而未見珍而重之。與此同時，社會上也

湧現出不少立場為先、結論先行的論述專著。這些材料，固然可以引發起對香港問題的更多關注，但這些以情害理、立論粗疏的觀點，卻也可以反過來混淆視聽，窒礙批判思考。

面對這個困難的環境，客觀認真、立論嚴謹的香港社會研究，更需要尋找新的空間，把研究者與社會之間的交流、互動，發展得更為熱鬧。

本叢書旨在開拓這個空間，令香港社會研究活潑發展。

前　言

所謂花無百日紅，盛衰起落乃事物發展的規律。

對於這一點道理，我心裏是明白的。只是，到了在現實的生活之中，需要面對這樣的一個問題的時候，會有點不好受。坦白說，誰會想看到由盛轉衰的過程，尤其是發生在自己所身處的社會。

但社會學研究偏偏對我們有這樣的要求：不能因個人的喜惡、主觀價值、感情，而影響客觀的分析。當我們面對問題時，別無選擇，只得「有碗話碗，有碟話碟」，毫無保留地將分析陳列於大家的面前。就算那是極不願意見到的情況，我們也不會為它做半點修飾。

所以，這本書與「唱衰香港」無關，同時也沒有什麼潛在的政治議題可言；我們要分析和討論的，是為何那曾經幫助香港取得驕人的經濟成就，令很多人覺得可以在此地安居樂業的發展模式，在晚近十多二十年裏，開始失效，甚至是無法持續下去？我認為這是一個十分重要而且有着迫切性的議題，事關近年在社會上不時會聽到一些意見，認為這種或那種安排、措施行之有效，既然多年以來都沒有出現大問題，又或者曾被視為成功的安排，理應繼續應用。可是，近年實際使用之時，卻經常碰壁，不單問題多多，而且更有引爆更多社會矛盾之勢。明顯地，所謂的行之有效，早已不適用於新的社會、經濟、

政治環境。繼續重複使用舊的一套，變成了抱殘守缺，不思進取。

又有時候，我們聽到另一些意見，覺得今不如昔。既然如此，那就倒不如返回舊的制度、安排，以舊日的方法來應付未來。但同樣，在新的環境裏，這種以不變應萬變的做法，處處顯得不切實際。將舊時行之有效的措施、方法應用到新環境之內而引爆各種的矛盾，大有愈來愈常見的趨勢。若因為不滿近年的發展，而產生一種懷舊情緒，以為回到從前便可解決問題，同樣是未有正視各種困難，甚至可以說是有點迴避問題的傾向。有見於此，我深覺這是認真總結的時候了。

或者很多讀者會感到好奇，何謂香港的發展模式？是否真的存在過這樣的一套實踐或思維？為何在過去多年，我們甚少提及香港的發展模式這回事？簡單而直接的提問是：我們這本書所處理的，是真問題嗎？

關於這個問題，後面的討論自有分曉。在這裏我只想指出一點，就是無論有無香港的發展模式這一回事，我們的確曾經以為，香港擁有一些幫助它在二戰結束後，直至1997年前後，除有繁榮的經濟之外，還在很多不利的條件之下，取得社會安定的重要元素。香港的成功發展經驗不單只交出了相當好的成績，而且有不少地方可供其他發

展地區、城市借鏡。

但我想在這本小書所作的總結，卻是「舊夢不須記」——曾經能為香港帶來安定與繁榮的種種制度安排，早已因為內外環境出現了變化，而無法繼續發揮其原有的作用。我們有需要先認清問題，然後再思考如何創造新的未來。我甚至可以肯定地說，「回到過去」一定不是解決問題的辦法。如何從舊的框框裏走出來，是目前香港社會和香港人所要面對的最大挑戰。

我想在此做到的是，打開一個議題，重新思考香港的發展經驗和正面回應它的種種不足。在這個階段，我們最需要的，並不是答案，而是承認有進行徹底的檢討的必要。懂得提問題，日後才有機會找到答案。

本書部分章節，乃建基於過去一些研究成果或由已發表的論文改寫而成，對此我特別感謝幾位多年合作的伙伴——黃偉邦、趙永佳、王志錚。多年來在跟他們交流、合作撰寫文章的過程中，獲益良多。至於本書的觀點，則當然是由我來負責了。

目　錄

彈性的生產系統加上港商的市場觸覺，令「香港製造」產品一度暢銷世界各地。工展會是展出「香港製造」產品的主要場地。圖為1963年工展會參展商，包括伊人恤、星光塑膠、利工民線衫及開達玩具廠的攤位。（詳見本書第一章）（照片提供：鄭寶鴻）

六七十年代的香港，工廠不單只是僱傭小量工人，而且其運作模式相當多元化，
有的在住宅樓宇內設廠，有的則是家庭工業，總之是各師各法。圖為1958年塑膠
花廠的女士。（詳見本書第一章）（照片提供：鄭寶鴻）

1971－1981年出任財政司的夏鼎基，對「積極不干預」的理
解，跟後來很多人的解釋並不完全一致；他所談的內容不單
更為完整和豐富，同時也不像很多人所想的狹窄，以為對於
社會事務及政府的角色，盡量避而不談。（詳見本書第二章）
（照片提供：高添強）

自從議會引入代議制元素，出現了更具代表性的民意代表之後，「諮詢式政治」的重要性已隨之而日漸下降，其基礎亦開始動搖。圖為1985年9月舉行的立法局選舉，時任布政司鍾逸傑巡視點票站。（詳見本書第四章）（照片來源：政府年報《香港一九八六》）

在戰後香港社會冒出頭來的中產階級，當中不少受惠於某些社會政策——其中「在屋邨長大」的一群，因政府的房屋政策而有可能在一個相對地安定的環境裏成長。圖為一個屋邨小型居住單位的情況，一般都擁有客廳、一間大房、廚房和洗手間。（詳見本書第五章）（照片來源：政府年報《香港一九七五》）

曾幾何時，很多香港人——尤其是那些居住在僭建木屋、天台屋、「板間房」、
戰前舊樓的家庭——都期望早日「上樓」，從此「有瓦遮頭」。圖為1984年筲箕
灣成安村一帶，漫山遍野都是僭建木屋。（詳見本書第六章）（照片提供：高添強）

新市鎮、公屋與工業三者之間的互動,構成了一種快速推動市郊發展的動力,既可舒緩市區人口密度,改善居民的生活環境,又可為製造業提供發展空間,那真的可以說是一套兩全其美的方法。圖為荃灣新市鎮1965年的開發情況,住宅區和工業區只有一溝之隔。(詳見本書第六章)(照片提供:高添強)

「新市鎮」作為一個城市發展與規劃的概念，至少它有助於疏散市區人口，減低居住密度，提高生活質素。在這意義上，它的成績應予肯定。圖為1985年時任港督尤德爵士到訪樂富邨。（詳見本書第六章）（照片提供：高添強）

1975年北角巴士總站，背後是建於五十年代的北角邨。（照片提供：高添強）

導論

嚴格來說，我們並沒有一套叫「香港模式」的東西。香港人一向自以為靈活、善於走位、懂得適應環境，並視此為我們的一種生存的本能。在很多香港人眼中，香港勝在不相信「一本通書睇到老」，而是在不斷變化的環境裏，按着實際情況的需要而作出回應，各師各法，隨機應變。總之，就是沒有必要跟隨着固定的一套來辦事。對很多香港人來說，香港的模式就是沒有一套永恆不斷的、大家必須跟隨的做事方式。

　　不過，話雖如此，我們又清楚知道，的確有某些做法，會被香港人視之為香港特色，並一直認為有必要緊守其原則，不可偏離。例如：所謂的「積極不干預」政策就是這一類金科玉律，任何對它有所懷疑或批評，均會在社會上引來相當強烈的反應。從這個角度來看，我們又真的並非沒有長期擁抱過的某些做法，同時也不是完全放棄了有某套發展模式可依的想法。

　　有時候，我有一種感覺，是香港人不太喜歡談論香港發展模式的問題，不完全是因為在他們的認知之中，並沒有什麼香港模式這回事，而是如果要很認真地去界定何謂香港模式，那種做法跟我們的自我形象——醒目、隨機應變、絕不墨守成規——太不相符了。我們之所以抗拒有所謂香港發展模式的想法，主要是因為那跟我們的自我理解（主觀世界中的理想類型）實在格格不入。

　　但這種主觀及心理上的抗拒，反而令我更加相信，在我們的心底裏，確實有一些制度上的元素，是香港人長期以來都視之為有效的安排，絕不會輕易地放棄。曾幾何時，我們自以為找到了成功推動社會經濟發展的方程式，能為香港帶來安定繁榮。這條方程式包括幾個方面：

(1) 在政治上，是一個行政管理型政府（administrative state），不談意識形態，迴避政治，只重具體和細緻的管理。而配合着這個自覺要將政治非政治化的行政管理型政府，是一個嘗試避開政治而又可以爭取民意支持（至低限度是減少反抗）的政治諮詢制度。按照這種想法，香港政治可以以一種最非政治化的方式來運作：政府只是一個行政管理機構，而它的角色看起來也就只是一個中立的「球證」，可以平衡不同的利益，按照所謂的公眾利益來辦事。正因為這樣，它通過收集和聽取各界的意見，便可以取得一個平衡，很有效率地為市民服務。

(2) 在經濟上，奉行資本主義市場經濟，將政府的角色減至最低，實行所謂的「積極不干預」政策。按照這種說法，市場的活力就適當地釋放出來了，並且為香港帶來經濟繁榮。而在市場主導的經濟系統裏，香港人的靈活性可以充分發揮出來，因應市場環境的轉變而發展出種種創新的經濟行為。那是一個開放的、不受人為干擾的市場環境，政府沒有特別扶持某一些行業，也沒有刻意阻止某一些經濟活動的出現。在這樣的一個環境下，讓港人在創業、創新方面有所作為。他們各自努力去

尋找機會，與此同時，香港的產業結構又容許中小企業蓬勃發展。

(3) 在社會發展上，承接前面所說經濟發展的動力，香港存在多種不同的渠道，讓個人以他們自己選擇的方式去爭取上向社會流動的機會。而在這個基礎之上，衍生出一套社會秩序，令不同階級之間的關係大至良好，促進社會穩定。同樣重要的是，就算只是一般家庭，亦有機會找到安身之所。以公共房屋帶動的新市鎮發展作為城市化的重要一環，將經濟發展（以前所指的是工業化）與社區建設二合為一。曾幾何時，很多入住公共屋邨的低下層家庭都是「開荒牛」，搬遷入住新開發的社區。但新市鎮迅速發展起來，而居民亦很快便可以適應過來。

以上所講的三點，雖則並非舊日發展方程式的全部，但亦可謂是當中的核心元素，它包含政治、經濟、社會三個不同但又互為影響的方面。在舊時的大環境裏，三者互相緊扣，構成一種獨有的制度安排，於某些條件下，雖本身並非沒有缺點，但都可以發揮正面作用，帶來良好的效果。

舉一個例子，在港英時代並沒有挑選某種工業特別加以扶持，但其公屋政策及新市鎮（早期稱之為「彗星城市」）發展，卻間接有助於——起碼在拓展工業的地理空間和提供勞動力的供應兩方面——製造業的發展。而製造業在那些新建設的社區發展起來，又有助於帶動人流，給當地社區招來其他的經濟活動（例如大排檔、小

販等），為區內注入一種活力，加快發展步伐。新市鎮與產業發展相互影響，令好些本來屬於市郊，而且在基建項目上略為滯後的社區，很快也興旺起來，使當地居民的生活變得方便，生活質素亦有所提升。

以上所講，只是眾多例子的其中一個，而所提及的城市發展及經濟動力，亦只是當時整體社會高速發展其中的一些環節而已。在這裏想指出的是，無可否認，香港社會確實曾經能夠發展出一些有效的政策，快速推動社會及經濟發展。但問題是，所謂成功的發展方程式並不可以視為永恆不變的定律，放諸於任何時空、社會、經濟、政治環境，亦一樣可以起着相同的效果。今天擺在我們面前的問題，是重複應用舊日行之有效的方法，似乎已經不能產生以前見過的效果。那麼，應該怎麼辦？

自九七回歸以來，香港社會的制度支柱陸續暴露出它們的一些問題、弱點，既無法解決現存的困難，更難以面對未來更為複雜的情況。原來的發展模式似乎已經到達了它的盡頭，而它的成功方程式亦漸漸顯得與最新的社會形勢格格不入，有時甚至相互之間產生撞擊，帶來種種問題。但更為矛盾的地方是，因為過去好些政策或制度安排一直視為行之有效，於是這個社會──由政府到民間──便沒有動力去修改或甚至完全改變多年以來所應用的策略；就算失效的情況已經一而再的發生，卻至今仍未敢作出重大調整。過去的成就成為了一種包袱，有時甚至會阻礙創新求變，成為社會進步的絆腳石。

　　到了今天，我們必須正視問題，而所謂正視問題，包括兩個方面。第一、是認識問題。簡單來說，就是承認問題的存在，並且嘗試了解問題的性質。第二、是從新的認知框框來解讀問題。在過去一段相當長的時間裏，香港人生活在一個經濟逐步走向富裕，社會相對地穩定的環境裏，儘管政府與民眾都未有怎樣大動作地做些龐大的規劃，但又總可在遇到困難時，能夠積極回應，解決問題。香港人對此感覺良好，這是可以理解的。但問題是隨着種種環境、制度的因素起了變化，舊有的秩序——無論曾經如何成功——陸續出現了問題。自回歸以來的十多年間，裂縫顯露了，而矛盾也深化了。舊時的發展模式就算尚未完全失效，起碼也是難以再理所當然的假設為必然選擇或一切討論的起點。

　　在思考新的策略、發展模式之前，我們先需要對舊有的方程式來一次總結，知道問題所在，同時明白為什麼我們不能——不應——以為回到舊有的安排，又或者重施以前用過的手法，會是面向未來的辦法、一條出路。

　　需要思考這個問題的，並不限於政府官員、議員、政黨領袖、各界代表，而是必須包括廣大市民。香港社會如何走下去，是一個大題目，也是跟每一個香港人息息相關的問題。

第 一 章

靈活的
中小企

當年輕鬆地假設去工業化乃大勢所趨，

沒有認真想過它在社會層面上所帶來的衝擊，

確實是有點片面。

1　本文的分析基礎及詳盡的實證分析，見Lui and Chiu（1993, 1994）、Chiu, Ho and Lui（1997）及 Chiu and Lui（2009）。

導 言

　　有關當代香港的社會經濟發展，可從它的製造業講起。當然，製造業的盛衰起跌並不代表整個香港經濟的發展經驗，而它的歷史肯定也不是經濟史的全部。不過，假如我說製造業的故事是香港經濟以至社會史的重要的一章，則相信不應有很多人會提出異議。從上世紀五十年代初到八十年代中期的三十多年裏，香港工業由起飛到大規模遷移到珠江三角洲一帶，如果不是一個時代的終結，起碼也可以形容為香港的社會經濟史的某一章已告一段落。說來奇怪，當「去工業化」正發展得如火如荼之際，沒有太多人有興趣理會它將會帶來什麼後果；當時甚至有不少人覺得，工廠北移是本地產業擴張的一種表現，廠家到了珠三角之後，大大擴充了生產規模，令香港工業利用內地的生產條件而有所擴張。當然，這種說法也不能說是犯了什麼錯誤，只是因為它未有怎樣考慮「去工業化」的社會含義和引伸出來的社會影響，所以所看到的問題，難免會顯得較為片面。

　　今時今日，連珠三角的產業也在好幾年之前便討論升級轉型了，反而香港人還是一如以往的對於總結經驗這類事情不太感興趣。究竟是覺得舊事重提對展望將來也沒有什麼幫助？還是認為回顧過去不夠積極，而應該眼望前方？這有待了解。但香港的經濟結

構失去了舊日的多元元素，其影響並不只限於製造業是否仍舊享有昔日的光彩，而是社會上很多方面亦隨之而受到衝擊。到九十年代初尚未顯眼的後果，今天都擺在我們面前了。

由本地中小企當主力的勞動密集出口工業

香港在上世紀五六十年代成功由主力發展貿易的轉口港，改變為一個工業城市的故事，早已有過很多討論，在此毋須再作贅述。不過，Reidel（1973：3）對戰後初期「香港工業化模式」關鍵特徵的精要概括，或許仍值得我們留意：

香港（1）擅長製造標準化的消費品（2）以供出口（3）至西方高收入國家，同時，這塊殖民地（4）依賴亞洲國家為其提供原材料，亦（5）有賴於西方國家提供生產資料。另一項關鍵特徵是其出口行銷的方法。香港依靠製造商、批發商和歐美大型連鎖零售商來行銷其產品。這一特徵，加上其製成品的高度標準化，幾乎沒有需要「研發」，即意味着香港企業家只消盡可能地發揮所長：生產。上述特徵彙集起來，即構成了所謂「香港的工業化模式」。

Reidel 短短幾句說話，指出了幾個理解香港工業化的重點：首先，香港的製造業是以出口為主，服務海外市場。因此，入手了解香港工業化的經驗，首要知道為何當時存在這樣的一個機會，讓廠

家可以在世界經濟打開一個局面。

　　二戰後全球經濟的結構調整，改變了從前的國際分工：工業化發達的國家與發展中國家的經濟連繫，再不只限於原材料的貿易，而是開始出現了製造業生產的空間轉移。這一轉移過程部分是受到一些消費品的生產程序與技術日趨成熟所驅動，例如成衣、玩具和一些電器用品的生產程序已相當劃一化，大可將生產部門遷移到勞動及其他生產成本較低的地方來大量製造，令產品以廉價的方式進一步擴大市場。最早轉到海外生產的產品，都是標準化的消費品，並不需要複雜的生產技術。與此同時，香港廠家的角色主要就是按照訂單的要求，進行加工、生產便可。在初期的階段，他們擔當的是一個代工的角色，沒有負責設計的任務，更不會有自己的品牌。廉價勞動力供應充足就是他們競爭力之所在。香港恰好能充分回應當時歐美國家的需求，把握機會發展其勞動密集型的工業生產。

　　第二、香港廠家是直接出口到海外批發、製造商，或經中介而將產品出口至外國的百貨公司、大型連鎖零售商等。套用「全球商品鏈帶」（global commodity chain）分析的歸類，香港與世界經濟的聯繫乃屬於「買家驅動」的類型，由大型零售商、品牌採購商到貿易商行，各類商業中介把發展中國家的製造商跟全球經濟連接起來。這種管治結構的關鍵特色在於生產的去中心化。它跟所謂的「生產者驅動」模式（例如汽車工業所經常採用的全球生產方式）完全不同，不是生產商直接到海外設立分廠，並管理有關之生產程序，而是當地的製造商作為代工生產者，根據貿易公司、海外連鎖

零售商、買家、代理商所下達的製成品要求，投入生產。這種貿易導向的安排在勞動密集型的消費品行業中（例如成衣、玩具等）頗為普遍，因為如上一段所提到，它們的生產技術與程序均十分成熟，大可交託發展中國家的廠家來製造產品。

　　這種「買家驅動」的世界經濟連繫模式，給予當地的廠家相當大的發展空間。以香港的製造業產業結構而言，外國直接投資設立分廠的比例偏低，大部分工廠均屬本地資本。而由本地廠家所成立的工廠，以中小型企業為主，部分更屬於在住宅樓宇內經營的山寨廠（Sit, 1983）。這些工廠以加工、裝配為其主要負責的工作，基本上是勞動密集型，以廉價勞動力作為重要的競爭條件。這也就是說，香港製造業跟世界經濟的連繫方式，不是大量外來資本直接到來投資設廠，而是本地廠家接到來自海外市場的訂單，進行生產。較有實力的廠家可直接跟海外廠商、買家、百貨公司洽商，但更多的是中小企通過出入口行來取得歐美、日本及其他國家的訂單：

> 香港大型玩具製造商，例如開達和香港實業，無需貿易商就能讓產品走向市場。它們自身具備直接跟海外買家談生意的實力，有時還會僱一些外國人，……。小一些的玩具製造商，尤其是不會說英語的廣東和潮州工廠的老闆，就缺乏這種資源。例如長江的首批訂單完全是依靠貿易公司的幫助。（Monks, 2010：54）

從這個角度來看，香港製造業在五六十年代快速起飛，乃受惠於——至少一部分——它本身作為一個長年對外開放、聯繫世界各地（尤其是跟海外華人相關的地方，詳見濱下武志，1997）的商貿中心的歷史背景。一個相當發達的商貿傳統，再加上各種支援國際商務的輔助經濟活動，令不論大小的廠家都有機會接觸到海外市場。而當中處理出入口生意的貿易商扮演了十分重要的角色，使地方細小和人口不多的香港，跟來自世界各地的市場需求扣連起來。

> 這種服務雙方〔即海外商戶與本地廠家〕都很需要。當年幾乎沒有哪家海外玩具進口商大到足以直接跟香港廠家做生意，或者需要在香港開一間辦事處。更沒有香港玩具廠家具備直接跟海外客戶打交道的規模或能力。他們大多不懂英文，海外聯繫很少，對於國際商務更是一竅不通，而且很難獲得銀行貸款。相反，貿易商不但能夠克服語言障礙，深諳貿易融資之道，而且善於跟銀行及航運公司打交道。他們還會與海外買家做信用證安排。（Monks, 2010：48）

這樣的商業聯繫令香港廠家面向全球的市場。他們以低廉的生產成本作為競爭條件，吸引歐美商戶的興趣，同時也從東亞區內的工業國家（以玩具業為例，就是日本）將海外訂單搶過來。在這個過程中，不同的製造行業都在香港迅速發展起來，令「香港製造」於國際市場上打響了名堂。

國際分工、彈性生產與中小企的活力

我之所以突出香港製造業廠家是通過商業聯繫而跟世界經濟扣連起來，是因為這對香港社會經濟帶來重要的影響，而其中一方面是構成了一個鼓勵創業的環境和機會結構。

那些出口到海外市場和滿足外國消費者的製成品，主要是由香港本地廠家來生產的。在這些製造商之中，以中小企為大多數。表1.1交代了香港製造業由五十年代逐漸起步，到八十年代中後期大

表1.1：1950至1990年間香港製造業的工廠數目與僱員人數

年　份	工廠數目	僱員人數	每間工廠平均僱員人數
1950	1,478	81,718	55
1955	2,437	110,574	45
1960	5,346	218,405	41
1965	8,646	341,094	39
1970	16,507	549,178	33
1975	31,034	678,857	22
1980	45,409	892,140	20
1984	48,992	904,709	18
1985	48,065	848,900	18
1986	48,623	869,753	18
1987	50,409	875,250	17
1988	50,606	844,575	17
1989	49,926	802,983	16
1990	49,087	730,217	15

資料來源：香港政府工業署（1995：20）。

規模遷移到珠三角一帶過程中，在工廠數目及僱員人數上的增減。
我們可以見到，本地製造業在六十年代開始發展步伐（無論以工廠
的數量或者工人數目來計算）快速。但在整個過程中，每間工廠
平均僱員人數的數字一直下降，由1950年的55人降至1988年的17
人。很粗略的說，在走向工業化的過程中，更多的工廠是以中小型
為主。

表1.2所呈現的統計數字，基本上確認了上面所講的看法；僱傭員
工的人數在十人以下的工廠，由1975年所佔近三分之二的比例，到
1990年上升至73.1%。如果以僱傭五十人以下來劃分小型企業，[2]
表1.2的統計資料清楚顯示，長久以來它們都是本地製造業的主

表1.2：1975至1990年間按僱傭規模劃分的工廠分佈　　　（單位：%）

工廠規模 （僱員人數）／年份	1975	1980	1985	1990
1－9	65.3	65.5	68.2	73.1
10－19	14.9	15.3	14.1	13.0
20－49	11.1	11.3	10.5	8.6
50－99	4.8	4.6	4.2	3.1
100－499	3.5	2.9	2.7	2.0
500及以上	0.4	0.4	0.3	0.2
總　計	100.0	100.0	100.0	100.0

資料來源：香港政府工業署（1995：21）。

2　何謂小型工廠，其實並無完全一致的定義。按某些國家所採用的定義，員工人數在一百
　　人以下者，均屬小型。但可以想像，如果在香港採用同一定義，則差不多所有工廠都可
　　歸類於小型了。在此我參考了有關的專著（薛鳳旋，1985：7），以五十人為分界。

香港模式

力：1975年佔全部工廠的91.3%，而1990年是94.7%。小型企業肯定是香港製造業工廠的絕大多數。當然，僱傭員工人數是否就是一間工廠的營運規模的指標，這是可以討論的；稍後我們在下面的分析，亦將會談到這個問題，因此暫時就不再多談了。在這裏我想指出的是，這個以中小企為主的製造業結構，形成了一個令很多人都想自立門戶的生態環境。

上述中小企主導的情況，多少反映出香港製造業的一項特徵：加入行業的門檻並不高，以至很多熟悉行業運作，如「有生產經驗的熟練工人。他們動了開廠做老闆的念頭，導致了小廠數目不斷增加的現象」（薛鳳旋，1985：13）。當時香港的工廠不單只是僱傭小量工人，而且其運作模式相當多元化，有的在住宅樓宇（甚至是山邊木屋、公共房屋的居住單位）內設廠，有的則是家庭工業，總之是各師各法。在海外進口商眼中，香港的廠家就是這樣的充滿活力：

對於蓋勒〔Steve Geller〕而言，上世紀六十年代拜訪香港玩具廠的那種情景仍歷歷在目。這些廠家設在北角或西環的工業大廈的七層或八層，基本上都是小作坊，只有兩到三台注塑機。「作坊老闆會跟老婆、小姨子、三個表親再加上六個其他工人一起工作，」蓋勒回憶道。「這就算組成一間工廠。他們白天生產、裝箱，晚上再把貨抬到街邊，裝上卡車運往別處，」他說。國外公司進口的香港產玩具大多來自這種山寨式工廠。（Monks, 2010：42）

　　七十年代的小型工業調查顯示，小型工廠廠主多數（接近七成）曾做過工廠工人，而創業的資本來源主要（接近九成）來自於他們的積蓄（薛鳳旋，1985：17、27）。他們之所以可以憑着有限的背景知識（如七成以上缺乏管理訓練）和資本而開設工廠、投入生產，跟前面的分析有關。雖然我這樣的描寫或會略嫌粗疏，但當時香港製造業的營運大致上可歸納為一種承包外判（subcontracting）的制度。而廠家跟這個大環境的關係，又可再分為「國際層面的承包」（international subcontracting）和本地的承包。前者指的是承接海外買家的訂單，或者通過出入口商人為海外百貨公司、品牌提供生產、製造的服務，而後者指的是本地工廠之間各種外判的安排。但無論是指哪一種承包，我們都可以察覺到一點，就是很多小型工廠根本沒有需要處理所有在營運上牽涉的程序、部門，而專注於它們所長——如前面引述 Reidel 所言，就是集中在加工生產。

　　我在前面已提過，香港廠家的主要角色是代工，產品設計、品牌發展、市場推廣等程序都不是他們工作範圍之內的事情。他們主要集中在配裝、加工等工序之上，沒有機會沾手上游和高增值的生產程序。從某一個角度來看，那會局限了他們的角色與功能。但從另一個角度來看，則很多人均有條件加入生產行列，只要懂得生產製成品便可投入其中。在最初開始的階段，他們甚至對外界市場甚少認識，也不會構成什麼障礙。當然，成功的廠家日後慢慢會擴充他們作為代工的角色，而不是單純只處理加工的部分。但在最早的階段，加入生產行列的門檻很低，大量行內人士都躍躍欲試。

那些出入口公司作為海外市場銷售與本地廠家的中間人，其角色不只限於接單和尋找生產者，而是從旁協助，令整個過程暢順運作：

貿易公司的作用也很重要。如果它們能向銀行提交國外客戶出具的信用證，就可以憑此借款，從而盡快付款給工廠。工廠再付錢給為其提供信貸的供應商。（Monks, 2010：45）

儘管出入口公司幫助不少中小企找到海外市場的接觸點，接到訂單後便可投入生產，但亦有很多山寨廠連這樣的機會也未必可以抓住。這些廠家是從其他本地行家手上接過訂單，以外判的形式為他們服務。出現這種情況的理由不難理解。一種情況是某些較大型和有實力的工廠從海外買家或貿易公司接到訂單，因淡旺季的原因或整張訂單的工作量龐大，而再將部分工作以外判的方式，交由其他代工工廠來承包。[3] 這也就是說，大廠利用小廠來應付季節性的波動或藉以增加人手。這種彈性安排的考慮，是協助大廠將部分產品市場的風險轉嫁給小廠。而對小廠而言，則這給予它們生存的空間；大廠的存在需要很多小廠在旁協助，應付生產過程上的種種

3　在製衣業，這類代工的工作是加工形式，「即（單）是裁、車（縫）、燙、甚至包裝都有；有的就裁和車。」（蔡寶瓊，2008：53）外判承包盛行於製衣業，其運用的方法特別多元化。舉例：有些小型工廠基本上就只是負責縫車的部分，前面裁床的工序和後面鈕門、燙和包裝都不是它們的工作範圍。很多工廠都不會將所有相關工序統納入其工廠內的生產程序，就算廠內有空間去建立一個裁床的部門，亦會考慮整體生產的流程與流量，而有可能改為以包工（即裁床師傅帶領他的一支隊伍到廠內工作，完成指定工作後又會到另一工廠提供服務）的形式來處理相關的工作。有關的討論見Lui（1994：59－92）。

需要。另一種情況則是涉及工序上的分工和專門化的問題。產品的生產需要某個專門的工序（例如電鍍），大廠為了節省開支而不在廠內設立相關的常設部門，而以外判形式找來合作伙伴，由廠外的生產單位以承包的方式處理那個生產程序。但無論是哪一種生產的安排，這都說明了重要的一點，就是為了應付產品市場的波動和營商環境裏的各種需要，香港廠家都明白到保持靈活的重要性。而由眾多的中小企所構成的行業生態環境，正好為整個行業打造出一個具備彈性的生產網，令香港廠家以靈活的方法去面對市場的種種挑戰。

在香港的製造業內，存在一個相當龐大的外判承包系統，使用外判及其他彈性生產方式（如包工、外發）甚為普遍（參考薛鳳旋，1985：11及1989：89；Chu, 1992；Lui, 1994）。這個外判承包系統的存在成為了孕育企業家的場地。黃紹倫在研究來自上海的移民企業家時指出，華人看重創業，更重視當老闆的一份自主性。有趣的是，由於創業欲望旺盛，很多華人企業內部都存在一種離心的力量；一些有經驗的經理、管工，都會考慮自立門戶（Wong, 1988：170－171）。這本來是一種會削弱企業體團結性的因素，但在香港的環境，卻幫助那些大廠建立一個可協助它們處理生產上的需要的外判承包網絡——離廠後的「老伙記」跟原來的老闆保持良好關係，不少更成為了大廠的外判代工。原有的社會聯繫更幫助大廠與小廠之間建立互信，令彼此合作更為暢順。

可以想到自己有可能創業的，並不只局限於某一階層或背景

的人士。我在前面已經提過，要加入製造業，門檻並不高。又有關的調查顯示，很多人就是憑着自己的積蓄來開工廠。山寨廠、家庭工業隨處可見。要創業開工廠，一是需要懂得生產方面的運作，二是能夠接到訂單。所以，當一個工廠廠長或管工遇上一個出入口行的行政人員，隨時有可能一拍即合，拿着一兩張訂單，組成「兄弟班」便投入生產。而對各個工序都有認識的工人，可憑其經驗而由工人轉為廠主。以下的林女士便是先由指導工轉為兼職包工頭：

> 她〔林女士〕白天在工廠當指導員，晚上做包工頭，一心二用，增加收入之餘，也增加了自己管理的經驗。「……我做指導工，是月薪工作，有四個星期放假嘛！我會接其他訂單，全部用包頭的方式做嘛！即是你（廠房）給我一批貨，我包了。……我找我的工人過來這邊開工。晚上下班回去看生產如何。」（蔡寶瓊，2008：83）

之後，她嘗試過跟人合作開設工廠，只是最後無法經營下去。

　　當然，我無意在此將當年的創業環境和精神浪漫化，工人搖身一變而成為小型工廠老闆，絕非易事，要成功經營下去或擴充營業，就更是重大挑戰。但在現實中，又確有好些成功例子。在此我想強調的是當時存在多元的創業途徑。舉例：一位身為人母的前工廠車衣女工，因要留在家中照顧子女而辭去正職，轉為在家中車縫成衣，當一位外發女工。她的丈夫亦在工廠打工，受老闆所託，看看能否在公共屋邨裏找到更多人手，協助生產。於是她就由一位外

發女工，成為了所謂的「發頭」或「發上發」，即作為工廠與外發女工之間的中間人，負責統籌（如收貨、點算、計算工資等）和質量監管。她的丈夫協助運送，而她則利用自己在屋邨內的人脈網絡，招請外發女工。一經組織起來，那支外發隊伍的生產力跟在工廠裏的小部門沒有什麼分別。夫婦二人累積經驗之後，覺得只要多接訂單，便有條件經營自己的工廠。就是這樣，他們開始搞生意，丈夫接訂單，太太則管理一間只有三五個工人的工廠。與此同時，他們繼續運用外發女工來支援生產。[4]

這裏帶出了一個題外話：究竟那些小型工廠是否真的是那麼細小？當一間小型工廠可以運用外判承包、包工、外發等各種彈性生產手段來處理大量工作時，它的生產力是不能以其工廠內的工人數目來衡量的。假如我們以為每一間工廠都是獨立的實體，與外界無涉，那就會忽略了不同的生產單位往往是以網絡的形式扣連起來，形成一種分工的系統。而跟我們的討論有關的事情，是這帶來了很多創業的機會；大廠與小廠之間的連繫，又或者不同工序、生產部門之間的分工，都產生了需求，令手上只有少許資本的人士，亦覺得有創業的可能。在那樣的生態環境裏，很多人都會有創業的衝動。不過，至於能否成功，那又是另一回事了。

4　以上例子是我在1984年至1986年間研究外發女工時所遇到的一個個案。有關香港廠家使用外發的分析，見Lui（1994）。

廠家的惰性

在八十年代中期以前，港商以其靈活性而在全球製造業中取得驕人成績，除因他們具備敏銳的市場觸覺之外，亦因為在香港存在一個彈性的生產系統，令他們可以調節生產，以應付市場的變化和波動。這個彈性生產系統建立在一大群小廠商所交織的生產網絡之上，通過外判及其他非正規的生產方式（例如前面已談過的包工、外發等），提高生產的靈活性。當然，從另一個角度來看，則這種彈性生產對勞工其實沒有什麼保障；不過，在製造業興旺的年代，工人不愁缺乏工作機會，因此相關的問題也就未有成為社會爭議的主要議題。彈性的生產系統加上港商的市場觸覺，令「香港製造」產品一度暢銷世界各地。

然而，在勞動市場日趨緊張（勞工短缺、工資上升）的情況下，這種彈性生產系統逐漸受到壓力。事實上，早在七十年代中期已有市場訊號——除了生產成本上升之外，還有海外市場保護主義的問題——提示香港廠家需要進行升級。但當時香港突然湧現數十萬的非法移民，暫時舒緩了勞動市場的緊張狀況，而內地推行「四個現代化」、成立經濟特區和試驗開放改革，亦令香港的轉口貿易又再度蓬勃起來，經濟環境顯著轉好。社會各界（包括殖民政府、本地商會及個別廠家）對之前有關工業多元化、產業升級的關注，便隨之轉淡了。於是，香港的勞動密集產業在七十年代末並未有回應當時的壓力而進行升級。

　　到了八十年代中期，隨着內地改革開放的效果初現，一直以勞動密集的方式進行生產，未有在生產方面以升級作為提高競爭力的手段的香港廠家，開始察覺到珠三角一帶能提供土地與勞動力等資源，這對他們應付經營環境的轉變可能是一條出路。最初主要考慮遷廠的還只集中在幾個行業，逐漸這成為了整個製造業的生產策略（Lui and Chiu, 1994）。表1.1的統計數字反映出，工廠的實際數目及其僱傭的員工人數，到了八十年代中期已再沒有昔日般的穩定增長。到了1987－1988年，先是工人的實際數目在1987年開始下降，再而工廠的數目亦在1988年開始減少。自此之後，工廠與工人的數目已不再只是放慢增長，而是在實際數目上逐年遞減。當初不同工業還以不同的策略回應在香港生產的成本上漲問題，但各個行業後來都逐漸以遷移作為應變的手段，到了九十年代中期，搬廠已成為了大趨勢，所謂「前店後廠」（即以香港作為接觸海外買家、進行產品開發、處理商業及財經事務的對外窗口，而內地則是提供廉價勞動力的生產基地），就是香港製造業在新的空間佈局下的新狀態。

　　到了1999年，香港製造業企業單位的數目，更由高峰的五萬多間降至20,380間，而曾經佔有最大數量僱傭員工的製造業，亦在同期間大幅度收縮其工作人數。香港的產業「空洞化」在短時間之內完成，而香港廠家的生產基地基本上已轉移到珠三角。對香港廠家而言，工廠北移幫助他們找到新的、廉價的資源，提升競爭力之餘，更為他們提供了擴大生產的機會。這也就是說，珠三角為香港廠家所提供的條件，不單在於將生產成本壓低，令他們可以繼續以

其熟習的生產方式進行生產，而且給予很多中小企以前在寸金尺土
的香港難以發展的優勢——規模效應。儘管很多廠家並未有提升生
產技術或轉向生產高增值的產品，但卻可以從生產規模擴大、產
量大增的情況下，既發揮規模效應的好處（每個生產單元的成本降
低），同時又因增產而顯著增加收入。

　　這一種經營策略亦可視為香港廠家充分發揮他們的強項的做
法。如前面的討論所指出，香港製造業的特點在於它擁有國際商業
的聯繫，善於接觸海外買家，對多變的海外市場反應敏銳。香港廠
家將代工的角色發揮得淋漓盡致，早已不止於加工、生產，而是因
應顧客的需要，擴充其服務範圍，可以提供「一站式服務」，使
海外買家通過他們而解決很多不同環節（包括產品開發、協調生產
等）的問題。有時候，生產並不一定要在香港或中國內地進行，香
港廠商亦從中協調及協助統籌。在圍繞整個生產程序，香港廠家可
以擔當多個角色，而這是他們將其服務增值的方法。不過，從另一
個角度來看，則香港廠家在生產技術升級、開拓那些技術要求更高
的產業上，一直都未有重大突破。而這是一個老問題，早在八十年
代研究員便察覺到這項弱點：

　　……本港中小廠所代表的本港生產模式，特別是其承包制
　　度，雖然有高度效率和靈活性強，十分適應這類產品的快速
　　變化市場條件……，但亦有其劣點。正因為本港中小廠的
　　操作以「市場反應」、「效率生產」為主導，長期的技術發
　　展和產品開發能力和意願，都相對地差勁得很。因此，中小

廠在本港傳統低技術要求的裝嵌式消費品工業的發展貢獻甚
大，但它們卻未能促使工業技術提升以致開發新的、較高檔
的產品和工業行業。（薛鳳旋，1989：23）

如果七十年代中期已存在勞工供應緊張，生產成本上漲，需要
思考自動化、技術升級的問題，而結果卻因為短時間內湧入了大量
非法移民，紓緩了勞動市場壓力，而當時未有認真做好產業升級的
話，那麼八十年代工廠北移亦可理解為廠家又再次以其他手段迴避
了問題，繼續以其熟習的方式營運下去。香港廠家大舉北移，將生
產線遷到珠三角，令他們可以利用內地生產成本低廉的條件，繼續
以勞動密集的方式進行生產。這既是香港廠家的組織惰性，也是因
為他們多數是中小企業，在財政上難以負擔生產技術升級所需要的
投資。再加上殖民政府堅持其不干預的做法，不會協助產業升級，
香港廠家便朝另一方向來面對國際競爭加劇、成本上升的問題。直
接的說，香港工業北移，其實可以理解為產業升級失敗的結果。

然而，話又得說回來，因為香港工業北移，這不單帶動了珠
三角的工業化和城市化，而且也推動香港快速轉型為一種「大都會
經濟」（Tao and Wong, 2002），中港的經濟連繫以「前店後廠」的
格局表現之來，而根據這樣的分工，香港的經濟活動轉以第三產業
為主。當時的一種說法是，所謂「香港製造」已不再是指於香港境
內生產，而是由香港廠家所製造。在這樣的一個產業調整的過程之
中，不少勞工需要轉行，適應一個以服務業為主體的經濟，但廠家
卻可以利用這個機會擴大生產，幫助他們在未有技術升級的情況

下，亦可利用低成本及新的生產規模優勢，繼續在世界經濟體系中維持一定的競爭力。據香港工業總會於2002年進行有關港商於珠三角的發展的研究，約有63,000間香港公司在區內有製造業生產活動，聘用超過1,000萬工人（Federation of Hong Kong Industries, 2003）。無可否認，有了珠三角作為後盾之後，香港廠商的生產能量大大提升。

工廠北移之後

不過，現在我們於事後知道，在八十年代中後期所出現的去工業化，大大削弱了香港社會經濟結構的多元性。憑着個人在工廠或出入口行的工作經驗與門路，動員家庭成員幫忙，又或者利用灰色地帶搞一間山寨廠，這一種創業的空間早已隨着製造業大舉遷移到珠三角，而變得愈來愈狹窄了。

由於缺乏系統追踪訪問的數據，我們很難說香港人參與創業及對創業的態度有些什麼變化。對七八十年代的香港社會，曾有過一種說法，覺得當時很多「打工仔」都會視創業為理想、目標，希望有朝一日可自立門戶，爭取出頭的機會。要爭取個人成就，一是努力讀書，考上大學，成為專業人士或經理。若此路不通，則創業做生意，也是一種可能性（Lui and Wong, 1994b）。對沒有學歷的「打工仔」來說，創業並非完全遙不可及。如前部分的討論所指出，參與製造業生產的門檻不高，兼且可動員家庭成員幫手，即使成功並

非一件易事，很多人仍會想過或試過創業。不過，今天的情況似乎已經明顯有所不同了。

香港中文大學創業研究中心在2004－2009年間參與了「全球創業觀察」的研究計劃，負責在香港和深圳進行調查，以全面創業活動來計算，香港的創業活動率的百分比僅略為高於俄羅斯和深圳，而顯著地低於中國、巴西，同時也低於美國、英國和日本（譚安厚等，2010）。究竟應該如何解讀有關數據，自有不同的想法。但初步所得到的印象，是以前那種活潑的創業氣氛，已經消失。是主觀因素有變？還是客觀環境已不再是有利條件？值得我們深思。

在工廠北移之後的香港是一個怎樣的服業型經濟，經濟活動在地理空間上的分工有無突破，同樣也是必須好好反思的題目。我們到了結論的部分時，將再作討論。在此我想指出的是，一個以靈活的中小企來支持的經濟環境，已成過去。當年輕鬆地假設去工業化乃大勢所趨，沒有認真想過它在社會層面上所帶來的衝擊，確實是有點片面。

第二章

永遠的
「積極不干預」[1]

過去「積極不干預」的論述所塑造的政商關係，

是政府保持中立，

讓市場力量、競爭環境可以發揮最大的作用。

當然，這是一個美化的圖案，

同時早已演變為一種意識形態，

把某些政府行為與角色合理化。

1　本文部分內容原刊於：呂大樂、趙永佳：〈後九七香港的政治失序：階級分析的角度〉，劉兆佳等合編：《香港、台灣和中國內地的社會階級變遷》（香港：香港中文大學香港亞太研究所，2004）；而部分分析的實證基礎，可見於Stephen Chiu and Tai-lok Lui, *Hong Kong: Becoming a Chinese Global City*（London: Routledge, 2009），尤其是第5章的討論。

導　言

在香港，「積極不干預」這五個字碰不得。

任何官員——包括特首在內——意圖明示或暗示政府有可能修訂其管理經濟事務的方法或角色時，都會引起強烈的反彈，而結果發表有關言論的官員例必急忙澄清，甚至收回所講過的說話，盡快平息風波。有關「積極不干預」的討論並不好惹。[2]

在晚近十年裏，給我們留下深刻印象的，應該是曾蔭權（Tsang, 2006）於2006年9月提到「積極不干預」本身是一個頗為模糊的概念，而夏鼎基當財政司時所面對的環境，跟現時的顯然有所不同。再者，現在香港亦要面對全新的全球經濟形勢，特區政府應要與時並進。曾蔭權強調他跟夏鼎基的想法一致，十分尊重公開競爭、自由市場和小政府。而他的總結是提出「大市場，小政府」的政策。本以為這不會製造重大爭議，但結果卻引來一直倡議自由市場經濟的經濟學家佛利民（Milton Friedman）的猛烈批評：

2　無論是1997年之前還是之後，反應都是相當強烈的。所以，對任何偏離「積極不干預」有強烈反應，並不限於九七回歸之後，亦非只針對特區政府。有關圍繞「積極不干預」的辯論的簡介，見鄧樹雄（2006a）。

> 曾蔭權堅持說，他只是希望政府在「市場機制明顯失調時」不會袖手旁觀。這裏忽略了一個事實，就是如果存在「明顯的失調」，市場將會在曾蔭權採取措施之前很久就把它們消除了。更重要的是，過於積極的政府反而會帶來明顯的和不太明顯的「失調」。（Friedman, 2006）[3]

當然，在政府並無即時重大政策轉變或角色調整的情況下，熱鬧一時的議論很快便告平息。但在整個討論過程中，最有趣的現象是，每次這個題目拋出給公眾討論，最後不是重新理解或有所商榷，而是「最終均要反過來擁抱『積極不干預主義』」（鄧樹雄，2006b）。到目前為止，每次有關「積極不干預」的討論，總是難以離開起點。

積極不干預，什麼積極不干預？

本來港英殖民政府在管理經濟事務上，並沒有一套可以應用到任何情況，無論如何也不能偏離或更改的原則。在經濟發展及管理問題上，亦曾經有過多種不同的想法，基本上並不存在一個由意識形態指導下，貫徹始終的經濟政策。在現實生活中，所謂自由放任政策或「積極不干預」，很大程度上只是一種說法或一套官方論述，讓殖民政府為它減少介入社會經濟事務，找到一種能進退自

3　譯文引自〈香港模式的夭折〉，《香港商報》，2006年10月7日。

如、自圓其說的方法（Goodstadt, 2005：120）。

但在香港，很多人對「積極不干預」的態度，是有點信仰的味道。「積極不干預」被視為政府在管理社會經濟事務上的金科玉律，久而久之，它亦添加了一層道德倫理的色彩（參考Goodstadt, 2005：120），界定了政府的角色，區分了所謂之好的或壞的手段與政策。

有趣的是，「積極不干預」被捧上如此重要的地位之後，大家便很少再認真了解其主要內容了。對崇尚自由市場的經濟學家和部分政府官員而言，「積極不干預」是減少政府介入的最有力的理由，有時甚至毋須多作解釋，亦能將其意見合理化。對工商界人士而言，它是行之有效的做法，好處是政府與商界的關係可以維持不變。很多時候，何謂「積極不干預」，是各取所需，各自填上內容。

當我們細讀夏鼎基（Haddon-Cave, 1984）對「積極不干預」的說明時，他所講的，又並非只是政府在社會經濟事務上的參與愈少愈好那麼簡單。夏鼎基對「積極不干預」的說明包括幾個方面。首先，是背景：

> 香港政府的經濟、預算及公共財政政策既是經濟體對外依賴的後果，亦是促成它通過貿易及其他對外交易而取得增長的因素……。在香港，能以經濟管理而做到於對外貿易的循環

周期中，維持收入與就業水平，這樣的空間其實很有限。所以，政府在資源的調動、工商業的決策和其管理程序，並無顯著的參與。(Haddon-Cave, 1984：xiii-xiv)

他認為香港作為一個對外開放型經濟，政府干預所能產生的作用甚低，甚至一定是徒勞無功的。殖民政府採取低度介入，是環境使然。

第二、對應着上述低度介入的管理方式，是政府與市民對經濟事務所抱持的態度：「私人界別接受及願意承受他們管理不善或犯錯所帶來的代價」(Haddon-Cave, 1984：xiv)。當某些行業出現問題時，政府是甚為克制，以規範及修改條例的調節管制方式來應付。又對公共事業不提供補貼，由消費者負擔所有成本。與這種市場原則對應的，是對個人財產的尊重（不會對任何人累積財富設置障礙），和「必須有平等的機會，使每一個人都可以追求個人擁有權所容許的目標」。但同時，「必須對那些基於不同原因而未能充分使用已提供的機會的人士，表示一份社會責任感」(Haddon-Cave, 1984：vx)。夏鼎基並非以自由市場和私人企業跟社會政策、服務對立，但他亦強調工作倫理，而且認為社會政策和再分配的措施不可對它造成磨損。

第三、他列舉出公共財政的手段與政策的三大目標：為各種企業提供基本所需要的服務和設備；對不同階層和背景的納稅人，以公平的方式徵收稅項；以及盡量避免因公共開支和政府的財政政策

而對經濟結構內的價格機制、人力資源的供應、私人企業的投資決定及整個財務環境造成負面的影響（Haddon-Cave, 1984：xv）。在這個基礎之上，政府理財必須嚴守其財政紀律。而他也進一步詳細說明他如何理解及操作謹慎理財的原則。

明顯地，夏鼎基對「積極不干預」的理解，跟後來很多人的解釋並不完全一致；他所談的內容不單更為完整和豐富，同時也不像很多人所想的狹窄，以為對於社會事務及政府的角色，盡量避而不談。不過，在此必須說明，我的興趣並非要說明究竟是哪一個版本更忠於原來的那一套「積極不干預」。正如前面已經提到，在現實政治之中，往往都是各取所需，各有一套掛着「積極不干預」這個招牌的說法。一套意識形態的生命力也正正在於此——它在社會上所產生的作用遠超本身的內容。從二戰後初期到九七回歸之前，「積極不干預」不單是一個概念，而且還發展為一種道德的論述，界定政府公共理財和經濟政策的好與壞（Goodstadt, 2005：120）。

從這個角度來看，我們可以理解究竟特區政府有否一改過去殖民地政府的「積極不干預」政策，而變為一個「大有為政府」的話題，會如此受人注意。張炳良（Cheung, 2000）和鄧特抗（Tang, 1999）便分別從轉變中的政府與社會的關係及政商關係來探討特區政府管理經濟的哲學與方法。他們兩人均強調，過去一些將港英政府形容為自由放任的代表的講法（如Friedman and Friedman,

1980），是有所偏差的。[4]他們都認為港英政府一直積極地調節經濟活動及運作，在提供教育、房屋及醫療等方面的社會服務和管理金融、銀行界的活動最為明顯。從這個角度來看，特區政府在管理經濟活動方面的工作，並非與過去的做法完全兩樣。不過，在九七前後因政治過渡而引發的制度性轉變（如立法議會引進民選議席、特首須爭取表現以獲取市民的支持等）的影響下，雖然特區政府依然運用一套自由市場的政治話語，它難免會逐步加強在管理經濟事務上的角色。

張、鄧兩位嘗試從政社關係和政商關係來解釋特區政府要承受將它推向一個更多干預的角色的壓力。這是重要的提問，可是在討論特區政府逐步加強介入時，他們並沒有更細緻的研究政府干預的內容。與此同時，他們也未有進一步分析政商關係發生了怎樣的變化。不過，鄧特抗似乎也意識到這個問題的重要性，他指出：「過去官商之間的密切結盟關係在後殖民香港社會變得脆弱。舊時殖民地政府治理經濟事務那種模式的條件已一去不返。」（Tang, 1999：294）這是我們分析九七前後香港政府處理社會經濟事務的起點。

4　關於港英政府是自由放任還是選擇性地干預的問題，討論已久。較早指出殖民地政府在某些經濟社會事務上的介入，見Youngson（1982）；Schiffer（1991）；Burns（1991）；Chiu（1994）；Goodstadt（2005）。

轉變中的政商關係

過去絕大部分有關「積極不干預」的討論，均集中於它作為一種管理社會經濟事務的方法（或甚至視為一種哲學），而忽略了它更重要的一面——就是它作為一種官商關係的論述。正如我在前面已經提過，作為一種管理社會經濟事務的方法，「積極不干預」其實並不像很多人所想像的完整、貫徹始終、理論與實際一致。從好的角度來看，那是實用主義、靈活變通。從另一個角度來看，則除了不會挑選某個工業作為扶持或挽救的對象之外，它並沒有很具體、實在的內容；在某些情況下，它甚至會是自相矛盾，前言不對後語。至於作為一套政府管理社會經濟事務的哲學，則很多經濟學家的理解，其實明顯地偏離於夏鼎基的陳述（見上一節的討論）。很多時候，「積極不干預」變得相當空泛，大可讓各方利益各自豐富其內容。

那麼，為什麼「積極不干預」可以吸引大量追隨者，以至稍有偏離，也會引起強烈反應呢？在我看來，「積極不干預」之所以有那麼巨大的威力，原因不在於經濟，而是在於政治。

顧汝德（Goodstadt, 2005：120）指出，「積極不干預」是一種在殖民統治底下，沒有民主政治的環境裏，市民可以接受的政商關係和社會契約。殖民政府以一種超然的——高於個別財團或工商界利益的——身份出現，不會很明顯地偏幫某一種利益，而是以鼓勵公開的市場競爭，來打造一個有利於工商界的經營環境。這是一種

有利於維持資本主義經濟的政治妥協：資產階級和殖民政府雙方都
接受了某些約束，但其根本利益又不會受到損害。

　　這種政治妥協是建立在某種政治經濟基礎之上。作為英國的殖
民地，打從開埠的第一天開始，商業利益便與香港政治結下不解之
緣：「這個殖民地之所以存在，主要就是顯著的增加英國貿易公司
的利潤和促進英國在中國的影響力。」（Miners, 1996：246）事實
上，商界利益主宰香港政治的情況，一如Hughes（1976：23）的名
句所言：「在香港權力……乃在於賽馬會、怡和洋行、香港上海匯
豐銀行及港督手裏，並按此序排列。」而Rear（1971）更進一步有
系統的從一個權力精英的分析角度，來剖析殖民地制度下的政治結
構的傾斜性（偏向照顧資本財團的利益，而整個官僚體制亦脫離草
根群眾）和（憲制上的）封閉性。[5]

　　Davies隨着這個權力精英的框架，對主要政府官員及行政立法
兩局的議員的社會背景進行了分析，指出在七十年代中期，香港社
會存在「一個相對地人數不多及單一的精英層，而這個精英層在社
會及經濟方面均脫離香港社會平民百姓的生活，但它在香港政府內

5　審視過六十年代香港的主要政治參與渠道中社會經濟利益的代表後，Rear（1971：72）
　　指出：「……所有證據顯示那些得到港督委任的社會人士，實際上只代表有限的利益
　　而已，而（基於現存制度，無可避免的）他們也不完全可能代表那些跟他們的利益有
　　衝突或在這處殖民地生活着有頗不同的經驗的其他社會人士。……香港人口中華人佔
　　99%，但在兩個決策議會裏的21位非官守議員之中，只有14位是華人。除當中極少數
　　的例外，這21位非官守議員都是大財團和銀行的代表；他們無一例外的都屬於財富的
　　代表。因此，在一個主要決策者都選自一個狹窄的社會階級的制度裏，他們的顧問亦
　　然。」

有一把有指揮力量的聲音」（Davies, 1977：71）。至於那些被委任當上行政立法兩局議員或其他較少權力的諮詢委員會委員的人物，他們的背景亦屬於一個狹窄的階層。他們大部分來自商界。Davies（1977：70）對權力精英的分析顯示：「有100至200人差不多在各種決策程序之中都有主導的聲音。」出現這種精英統治的原因，不止因為當時政治參與的渠道全由殖民地政府的委任制所控制，這也跟一些商業集團及其網絡在香港經濟的主導地位有關。Davies（1977：66）觀察所得，「主宰香港經濟命脈者乃極其少數的利益集團。雖然公司董事會的數量不少，但很多董事都屬於那些擁有最大的華人商業機構的家庭的成員……。」他指出：

> 香港的商界乃由相對少數的大企業所支配，它們中間那些規模及財力較大的成員，彼此之間通過委入董事會或在財務安排上有所連繫。同樣是這幾間大企業，它們控制了香港的金融系統和主要的公共事業。它們在董事局層面上有着緊密的聯繫。可是，這些聯繫並不僅限於董事局的會議室裏面。這些董事們還會在其他兩種場合見面。首先，他們都共同是大大小小不同的俱樂部的會員。他們不一定是親密朋友，但彼此之間有着共同的氣氛、環境和社交圈。第二，他們在政府的兩局、委員會及理事會，以至在很多慈善機構均同屬會員、委員。同一批名字重現於這些機構的贊助人和董事局的名單之上，一如它們反覆地出現於商業機構的董事及政府委員名單之上一樣。（Davies, 1977：69）

梁啟平（Leung, 1990：21）也曾嘗試利用公司的組織及董事局資料，來分析商界利益如何在八十年代初的香港社會與政治繼續佔據主導的位置：

在1982年，有456人在排位首100間的上市公司中佔有董事的地位。在這批人當中的百分之五，被委入兩局及公眾利益的委員會。有94人持兩個董事的位置，其中百份之十九被拉攏入建制。有80人持三個或更多的董事的位置，他們之中百分之三十五是被招攬的對象。

而財團之間又有緊密的聯繫：

在1982年，通過董事結構的交織，香港上海匯豐銀行與排位首50間上市公司的22間有連繫。因此，通過香港上海匯豐銀行的董事局，差不多近半數排位首50間上市公司都有一個正式的渠道供交換意見。如果我們集中研究排位首十家的上市公司，則資料顯示香港上海匯豐銀行與其餘九家〔按：香港上海匯豐銀行本身亦屬十大的其中一家〕中的七家有交織連繫，其中六家更有它們的主席坐上了它的董事局。……單是香港上海匯豐銀行〔的董事〕便佔了〔1982年行政局〕九位非官守議員的兩席，而在排位首十間的上市公司中有董事結構交織的八家則佔了非官守議員的四席。……由此觀之，在香港，最高的決策機構就好像高級政府官僚與主要操控經濟資源的人物的聚會地點。（Leung, 1990：21－22）

可以這樣說，在八十年代初〔也就是香港政制還未引入代議制之前〕，香港政治主要是由殖民地官僚和有着龐大影響力的經濟精英所操控。

對權力精英的研究焦點在於交代擁有政治權力的一小撮精英份子的社會、經濟背景，以說明政治權力的高度集中。這類報告可以給我們一些了解經濟精英的線索，但卻沒有說明為何這樣一種高度選擇性的統治策略有助於在統治階層中建立共識。要分析這一點，我們需要了解佔有主導地位的商業財團的內部結構。Wong（1996）有關董事結構交織的研究剛好填補這方面的不足。Wong所選取的研究樣本是1976年、1981年和1986年以每年營業額計最大的首100間非財務的上市公司和以資產計最大的25間本地銀行。他所定義的商業集團，乃「最低限度有三間公司相互直接或間接地以三層或四層連繫起來」（Wong, 1996：94），而他的觀察是在1976年至1986年間，英資洋行的支配地位已逐漸因為本地華資的抬頭而下降：

在1976年所觀察到的網絡，除了兩個小型集團之外，主要的商業集團都是由非華人的企業家族或組織所組合而成或控制。大部分集團均由個別的企業家族所控制⋯⋯而這個網絡明顯地受到怡和集團下的公司所支配。（Wong, 1996：96－97）

以中心度（centrality）計算，香港上海匯豐銀行〔於1981年〕依然佔據主導的位置。它跟一些廣東人背景的集團於

1981年構成了整個網絡的核心。那在1976年以怡和集團為核心的網絡已經消失。……商業集團的新特色是多公司的華資集團的興起。（Wong, 1996：103－104）

1986年的網絡較前變得分化為各自不同的商業集團。……由個別多公司所組成的華資集團的興起更為明顯。與這個現象相關的是非華資集團數目的減少。怡和集團的重要性進一步下降。……跟1976年和1981年相對地高中心度的商業集團比較，集團之間的相互聯繫是減少了。總的來說，我們可以形容這個網絡為鬆散的和多中心的。（Wong, 1996：106－108）

張孟瓊（Cheung, 1994）於1994年完成的論文，是另一份對香港社會的經濟權力結構的系統研究。張氏通過搜集1990年恒生指數成分股中的企業組織資料，嘗試以董事結構交織的方法，來分析香港的經濟權力結構。他的觀察是：從選取的企業樣本中，可認定六個家族（三個屬英國人背景，另三個則為華人家族）為主要的群集；所謂「專業經理人主導」的論點所引伸出來擁有權與控制權的分離的情況，並未在家族主導和控制的香港企業和財團中間出現；大銀行不一定跟各商業集團有着很多董事結構交織的聯繫，但它們在企業網絡中佔一個中心的位置；以1990年的情況而言，凱瑟克（Keswick）家族的怡和集團（以Bonacich's中心度的指標計算）仍是香港商業集團網絡中佔有中心策略性位置的重要一員，儘管華資的地位不斷提高，但在九十年代初英資依然未完全失去其位置。

在港英殖民統治年代，整個權力架構基本上是封閉的，英資財團的利益明顯地得到照顧之外，它們還差不多有着一種半制度化的渠道，以保證能夠在政治建制內有一定的聲音。它們不單是當時殖民地管治制度下的權力精英的一個重要組成部分，而且也是經濟結構中的主導階級。但隨着香港經濟結構的轉變和本地華人資本逐漸抬頭，資產階級的陣營亦隨之而起了變化。

儘管英資在經濟結構仍佔有策略性的位置，但到了八十年代，華資已明顯地擴展了它們的實力和勢力。在八十年代中期，由香港主要上市公司所構成的交織董事結構的形態，「已變得較為分散為各自不同的商業集團，跟以往的情況不一樣，已再沒有一個大而緊密連結、涵蓋大量公司並且將華資與非華資連繫起來的集團」（Wong, 1996：106－107）。

為了了解香港社會的經濟權力結構的轉變，我和趙永佳（Chiu and Lui, 2009：115－128）參考了上文所提過Wong和張孟瓊的研究和分析方法，選取分別在1982年、1997年及2004年以資產值、市值和營業額計算之排位首250間上市公司和本地銀行為樣本，搜集有關的董事資料之後，進行董事結構交織的分析。

在此我不打算詳細交代有關的材料了（見Chiu and Lui, 2009：115－128），只想很簡單的描述一下九七後經濟權力結構的形態。

首先，在英資華資此消彼長的過程中，[6] 華資商業集團這個系統內的發展趨勢是進一步的走向多細胞和分散化的形態。[7] 這樣說，當然並不表示個別集團與其他集團規模相若，平起平坐。但在個別家族與集團佔有一個相對重要位置的同時，我們亦可以見到，在華資的系統裏分化出更多的細胞、集團。儘管它們之間存在規模、實力上的差異，但沒有跡象顯示在它們中間已出現了可以擔當「龍頭」角色的集團，既在企業組織網絡上充當交織的中心，又能在社會、政治參與方面有牽頭的作用。反過來，隨着各個商業集團不斷擴充其業務範圍和組織規模，集團之間的投資範圍出現更多重疊的情況，彼此之間的競爭就更為明顯。商業集團這一種走向多細胞和分散化的形態的發展趨勢所引伸出來對社會、政治制度性安排的影響和衝擊，於九七後慢慢浮現。情形不單只是英資逐漸失去了主導的地位而華資抬頭，更重要的是，這一種變化令資產階級內部因失去了彼此默許（或在某程度上是被迫接受）的英資領導和增加了在利益分配方面的競爭而有所轉變。

上述經濟權力結構的轉變動搖了原來「積極不干預」所假設的政商關係。吳德榮（Ngo，2000a，2000b）指出，殖民地政府與資產階級共存的方法，是互惠互利。每一個政府在管治社會時都要解

6　唐俊（2003：12）在分析恆指公司管治班子時，指出：「『實際統治香港的是馬會、怡和、滙豐和港督府。』本港實施多年而行之有效的這種治理模式，今天仍在發揮作用，無非是換了主角而已。」而何榮宗（2012：149）則表示香港的經濟權力結構，是側重於「商商重疊、官官相連」。

7　這跟Wong在分析1976年至1986年間香港商業集團的結構與網絡時所提出的觀察相近。見Wong（1996：106－108）。

決各種矛盾。其中一個問題是為了照顧資產階級這批投資者，政府不得不提供一些優待、方便。但如果一個政府不斷讓資產階級做出各種尋租的行為，它便不能避免要承受來自那些未能從中得到好處的群體的政治壓力。港英殖民地政府解決這個問題的手段是，在分配過利益之後，殖民地政府與資產階級發展出一種共識，彼此之間畫出界線。在殖民年代，不同的財團各有其投資活躍的範圍（也可以說是「地盤」），雖不是嚴謹的分工，但可以視為不同的「山頭」。經過這樣的利益分配之後，殖民地政府又讓資產階級（主要是英資）分享一定的政治權力。這個情況就是上面所描寫的香港在八十年代或以前的經濟權力結構。

在這樣的利益平衡的格局下，殖民政府同時又定下一個有利於營商的制度性框框──包括低稅率、自由市場、資金自由流動、有限的勞工福利與保障等。這個框框雖未有針對某個集團或某個行業特別照顧，但總的來說是給予資產階級很大自由度的制度。相對於此，資產階級的妥協，就是克制尋租行為，盡量在既定的利益分配格局和遊戲規則內尋找機會和爭取好處，而少有要求殖民地政府作出太明顯的干預。殖民地政府一直避免對個別行業或企業作出照顧的做法，就是要保持這一套遊戲規則。與此同時，港英政府也運用其殖民地管治的制度性條件和權力，保持其獨特的相對自主性。這樣的一種妥協與共識，令香港沒有出現個別資產階級的集團操控國家機器的情況。很多時候港英政府甚至可以充分利用其獨特的相對自主性，來制約資產階級及社會上其他利益團體。而在市民眼中，他們以為政府扮演着一個鼓勵競爭的中立角色，就算整個社會經濟

環境都傾向於照顧工商界，但亦一樣被視為與個別利益保持距離。

　　但這樣的安排已有所變化（Ngo, 2002）。政治過渡以後，特區政府不能避免地重新嵌於社會上既得利益的紛爭與衝突之中，並且因為舊有殖民地管治時期的制度性障礙的消失，而出現了不同的利益集團都主動爭取分配得更多好處的情況。[8] 九七之後，先有興建數碼港而引起不同的商業集團質疑特區政府決定的公正性和紛紛提出它們不同形式的發展計劃的情況。[9] 後來更有財團高層公開罵戰、互相指摘，甚至於報刊刊登公開聲明反擊。[10] 過往一直甚少公開角力的商業集團在九七後多次將矛盾公開、社會化，在彼此矛盾與磨擦表面化之外，還有對特區政府提出訴求、施加壓力之意。上文提到經濟權力結構逐漸出現變化，變得細胞化、分散化，造成九七後資產階級內部的共識無法維持。[11]

　　在政治因素及資產階級內部組合的轉變的影響之下，政府與主導階級的關係也就相應地有所變化。北京在部署回歸的政治過渡

8　說來奇怪，不少指出「搭便車」現象的經濟學學者都會——差不多是理所當然的，毋須多作解釋的——將矛頭指向基層壓力團體、工會或政黨，而少有考慮資本家亦一樣會在一個並非完全開放的政治體制裏找機會「搭便車」。興建數碼港所引起的爭論（尤其是在不同的資產階級利益集團之間的競爭和公開的批評），正好說明了這個問題的存在。少數有從尋租的角度去看九七後政商關係的，是 Ngo（2002）。

9　有關的爭議一直伸延至數碼港落成及正式入伙之日。參見〈太古批評數碼港打擊商廈市場〉，《信報》，2002年9月17日。

10　〈霍建寧反指地產商牟暴利〉，《明報》，2002年11月9日；〈七地產商促改制減電費〉，《星島日報》，2002年11月12日。

11　黃鶴回（Wong, forthcoming）指出地產精英在經濟利益上的衝突。所謂「地產霸權」，有時在分析意義上略嫌簡單。

時，非常自覺要安撫及拉攏資產階級。顧汝德（Goodstadt, 2000：733）分析中方在香港進行統戰和挑選後殖民的政治精英時，曾戲言那是一次「政治吸納經濟」（political absorption of economics）。中方一直希望通過拉攏資產階級來穩住後九七的（特別是經濟方面）局面，而香港的資產階級及在港英時期扶植的一批精英，亦大多樂意被統戰。[12] 但這種部署與策略大概忽視了兩點。一是資產階級中有頭面的人物被拉攏及委任擔當某些工作與位置，並不等於在資產階級中間可以建立橫向的整合和醞釀共識。在忽略了資產階級內部的變化——尤其是上文所講的華資商業集團的分散化——的情況下，北京大概沒有想到這樣的政治統戰，竟無助於加強資產階級內部的團結和合作。第二，北京大概也低估了非殖民化過程中對舊有建制的影響——包括釋放從前在舊制度裏受壓的（例如華資商業集團爭取提高其地位、影響力和競爭優勢）訴求和令特區政府嵌於既存經濟、社會利益格局之中。

非殖民化的政治過渡令特區政府不再能像過去殖民地政府般「地位超然」，凌駕於各種利益之上。過去政府能夠凌駕於各種利益集團的能力已大大削弱了，而它未能與資產階級的某些集團結盟，重建一個政商關係的新秩序，並推出一系列有助於建立統治霸權的新政，令特區政府在失去了自主性之餘，同時也失去了政治領導的能力。九七後之特區政府的管治危機並不是個別行政失誤的問題，也不是政府的官僚架構突然間在過渡期後失效所致，更不單是

12　關於香港精英在過渡期間轉到另一陣營，見Vines（1999：Chapter 7）。

來自民眾要求政府施政要有所交代的壓力愈來愈大的後果，而是特區政府未能建立其政治霸權及政治領導的結果。九七前以為只要政治、經濟體制有着一定的連貫性，舊有的政治與經濟的關係便可以輕易地移殖到後九七的社會裏，這既簡化了利益分配所引起的政治問題，同時亦錯誤估計了殖民地體制對種種訴求的壓抑的能力和誤解了殖民地官僚系統的相對自主性的社會基礎。更諷刺的是，在籌備特區政府的過程中，中方凸出了資產階級的統戰價值，並在制度安排和人選上均偏向於維護資產階級的利益，但結果卻沒有真真正正的為特區政府提供一個有着政治領導能力和作用的管治聯盟。

按上面的分析，我們大概可以明白，為何在九七之後，不斷有「官商勾結」的指摘。過去「積極不干預」的論述所塑造的政商關係，是政府保持中立，讓市場力量、競爭環境可以發揮最大的作用。當然，這是一個美化的圖案，同時早已演變為一種意識形態，把某些政府行為與角色合理化。當大眾對此相當受落時，他們不單難以接受政府角色的調整，同時也很難想像特區政府需要重新與工商界利益建立關係，尋找推動某種經濟發展路向的支持力量。

小　結

從一種政商關係的角度來理解「積極不干預」，我們可以明白為何它對香港人有如此巨大的吸引力，只要政府稍為偏離，便有強烈反應。市民相信市場與競爭的力量，但更想見到一個保持中立的

政府。但我一再強調，那種對政府的理解其實相當片面。殖民年代的經濟與政治權力結構，是由少數利益集團所壟斷。政府的利商而又看似中立的角色，其實是建基於事先進行利益分配的基礎之上。當經濟權力結構已發生變化，同時去殖民化後政府亦不能避免要重新與社會建立關係，但香港社會沒有正視這個問題，而假設政商關係可以繼續以舊日的形式進行，似乎是害怕需要面對問題中的政治部分——政府如何管理社會經濟事務，涉及利益的分配，也要尋找推動發展的盟友。[13] 要回答這些問題，便一定要碰上政治了。對於這個經濟發展的政治問題，香港人多年來尚未進入議題。

13　對這些問題的探討，見Fong（2015）。

第三章

行政管理型
政府

高官問責制的設立反映出舊有的公務員隊伍制度，

已經不合時宜，

而被神話化了的行政管理型政府，

也就要退出舞台；

香港社會不能不正式面對現實中的政治。

導　言

　　當八十年代初中英雙方展開香港前途問題談判的時候，除了擔心資本家撤走資金之外，亦有憂慮穩不住公務員隊伍，以至整個社會在過渡時期裏，既可能失去維持經濟繁榮的條件，同時也會無法保持政府以其高效率繼續運作下去。當時在很多人眼中，在資本主義市場經濟、法治精神、保障言論自由的社會制度以外，那以公務員為核心的政府管治系統也是幫助香港面對及應付一個不確定的未來的支柱。這部分是建基於公眾對一支廉潔和有紀律的公務員隊伍的信任，部分是很多人都以為，整個政府的行政架構就像一部機器般運作，可減少政治對市民日常生活的不必要干預。在很多人的印象之中，香港政府是一個行政管理型的政府，善於政策之執行、細緻的管理、強調程序正確無誤、重視效率。面對不確定的政治未來，這個強調理性管理的政府系統，令當時身處於政治過渡期的香港人感到放心。[1]

1　究竟應該如何界定一個行政管理型政府，不同論者各自有其見解。Harris（1978）強調的是，除殖民政府的官僚體制外，還有不存在政黨的政治環境、利益團體所發揮的影響力。張炳良（1997：720－721）進一步說明，這個行政管理型政府由「管理人員／官僚於一位委任的英籍總督所領導下進行管治；他們毋須向一個包含代議元素的本地機構問責，亦實際上不受本地政治所挑戰。……殖民專制主義並沒有完全排斥本地人士的參與，但那主要是局制於顯赫的精英圈子之內……。而政府官員的骨幹乃來自政務官階層……」。

　　在香港前途問題談判期間至九七回歸初期，這個行政管理型政府的概念和優良的公務員隊伍的看法深入民心。現在事後看來，那真的可能是將公務員的角色和表現都有點兒神化了，而把香港政府看待為一部客觀地按程序和效益的計算而運作的機器，也難免是犯了只看表面的毛病。但想深一層，這是可以理解的——當政治（包括來自北京的干預、不同政黨之間無甚建設的爭論）被視為「污染」、破壞力的時候，市民大眾都很想另有寄託，以消除他們的疑慮。在這個意義上，很多人看待（或應說為期望）能幹的公務員隊伍——尤其是政務官——為政治的替代品，以行政管理來取代政治，以程序來替代政治上的判斷。如果香港真的可以由一個自成一體的、按它本身的組織邏輯而運行的行政管理型政府來處理社會經濟發展，那即使在回歸後處於一個由威權政府所支配的宏觀環境裏，亦應可繼續保持它的自主性。這種想法或者未有很有系統的表達出來，但卻潛伏在關於香港的論述之中。

　　不過，回歸後不多久，相關的矛盾便逐漸顯露出來。新機場落成後在運作初期出現過一陣子混亂，問題本身不算嚴重，但卻跟市民心目中的期望有顯著落差。接着是禽流感所帶來的衝擊。原先被吹噓為十分能幹的公務員隊伍，在面臨新考驗時的表現，未完全符合公眾的期望。在社會上陸續浮現對公務員的批評，並不單純只是因一時失誤或表現未如預期而責怪他們，它們還包括對團隊的基本能力的質疑——在坊間經常會聽到的一種意見，是公務員只懂得執

行指示，到了需要作出重大決定時便手足無措。[2] 這樣的指摘未必公平，但多少反映出一般市民的感覺。[3] 所謂一個以公務員隊伍為班底的行政管理型政府是否有能力應付九七回歸後的新環境，已不再有一個一致的答案；由公務員隊伍所帶領的行政管理系統，不再是無懈可擊。

同時，董建華政府在施政上遇到重重阻力，發現特首單人匹馬進入政府而希望推行新政，是一件相當困難的事情。批評公務員隊伍傾向安於現狀，不願意接受新嘗試成為了一批新政府的支持者的一項主要投訴。當時有不少聲音表示，政務官能直接影響政府的施政，但政治風險和後果卻由特首一人來負責。而在缺乏政治任命的情況下，特首也難以一手籌組他自己的管治班底。他在整個政府系統之中孤身一人（更因為不屬於任何政黨，而在立法會上也無法確定會得到足夠的支持），做起事來處處顯得孤立無援。公務員隊伍成為了施行新政的重大阻力的說法，便開始在社會上流傳。[4] 當然，社會大眾並不一定被說服，而事實上他們對公務員的印象，也並非立即改觀。在董建華政府的時期特首與公務員隊伍之間合作並

2　對於回歸初期特區政府頻頻施政失誤，惹來批評，Burns（2004:134－135）做了很好的整理。另參考Scott（2000: 49－52）。

3　在亞洲金融風暴期間，香港遇上國際投機者狙擊港元，而特區政府動用了財政儲備來擊退「炒家」，那其實要求政府高層作出十分重要的判斷和決定。但那個成功例子似乎無法說服一般市民，問題並不在於個人能力，而是特區政府有沒有足夠的政治能量（即是否取得市民的認同和支持）來作出決定。當然，對於上述例子亦有研究員提出很不一樣的理解，這一點將會在本章稍後提到。

4　有關當時建制內對高級公務員的批評，可參考張炳良（2001：66－68）。

不暢順，一般市民未有因此而對後者失去信心。[5] 不過，我們也需要知道，回歸後對公務員隊伍的評價，的確出現了變化。

　　這一章主要討論的問題，是為何舊有的行政管理型政府在九七回歸之後難以繼續運作下去。那並不是如坊間很多人所講，因為社會環境出現政治化，而令原來良好的施政系統難以應付，而是去殖民地化的過程將整個政府帶回到社會的關係、利益之中，令那個曾以為只擔當行政管理角色的政府，不得不面對實實在在的政治。

公務員團隊的神話

　　香港所擁有的一個行政管理型政府，多多少少是「集體創作」的神話。誰都沒有很有系統的、很清楚的解釋那究竟是什麼東西，可是在公眾討論裏我們卻經常可以感受得到這種潛在的理解。這個行政管理型政府包括兩個部分：一方面是一支能幹和負責的公務員團隊，而另一方面是一個注重程序、效率與細節的制度。將這兩個部分合而為一，便構成一個看起來是自成一體，有其自主運作邏輯的施政系統。這個系統可以不談意識形態、政治等大議題，而在日常生活層面上能有效的解決各種問題。

　　我說那是一個神話，很明顯是想指出它並不真實。不真實的原

5　當由擁有公務員背景的曾蔭權接任特首時，初期一般市民的反應相當正面。

因倒不是香港政府未能有效施政、回應市民的需要，而是它在1997年之前的成功，並非完全像那套行政管理型政府的論述所描寫的模樣。這個神話的建造，是不同勢力都有份參與的結果。

從中方的角度來看，香港的成功經驗有頗多值得借鏡的地方，而一支清廉的、有紀律和重視效率的公務員隊伍就是其中之一。香港政府在沒有民主化而又能做到向市民負責，這似乎說明了民主並非有效管治的必要因素，將現制度保留下來，應可保證回歸後特區政府不但有效管治，而且更能在不談民主化的情況下，回應市民的訴求，收為人民服務之效。

對香港人而言，如前面已略為提到，行政管理型政府是一種理性的官僚制度，重視程序與效率，雖然權力集中並且未有怎樣下放，但卻有頗高的透明度。那不一定是最理想的管治模式，可是效果總的來說叫人滿意。而在七十年代開始逐漸擴大的「官僚改良主義」（Cheung, 1997：723），更進一步鞏固了殖民政府能照顧市民意見的形象。當年在政治過渡的時期裏，（基於不同的利益和考慮）並非絕大多數的市民都認為民主化是保持香港安定繁榮的最合適手段，反而加強法治和繼續由公務員隊伍操作政府的運作，似乎更有保證。因此，將希望寄託於他們熟悉的行政管理型政府，看似是一條出路。

至於站在英國和殖民政府的位置來看，則他們是嘗試在不動搖殖民統治的基本框架的情況下，將香港管治的開放程度盡量提高。

方法之一是將法治在市民心中的地位大大提升。Jones（1999：46-47）對此有精闢的分析：

> 在民主政治缺席的情況下，法律不單成為了另一種補救的手段，而且更是一種新的管治的方式。……法律於九十年代在公眾的政治論述中佔有一個重要的位置，是在這個時期建立基礎的。我認為我們可以將香港人心繫法治的態度之形成，追溯到那一時期。而這一種對法治的想法在臨近1997年的時候更為強烈。中國在1997年收回主權令不少香港人更為焦慮，而面對預期中後九七的中國政府有可能帶來種種負面的衝擊，法治便成為了他們面對這種轉變的護身符。長期在一個繁榮但卻非民主的社會裏生活，只有少數人會意識到民主制度對自己生活方式的重要性。可是，法律卻可以跟穩定和繁榮的黃金時代，特別是七十年代的麥理浩時期有着一種懷舊式的聯繫。而在1991年制定了人權法之後，法律也成為了香港社會的核心道德價值。

Jones指出這種重視法治的態度，並非從來在香港就已經是這樣的，重要的轉折時期在七十年代發生（Jones, 1999：56）。香港並沒有真正的政治問責制（因為港督並非選舉產生，而且香港人對人選亦沒有任何影響力），但卻有法律上的保護，令殖民主義的威權統治也不可以為所欲為；香港政治並非真正的透明，但法律面前人人平等，一般人亦可通過法律程序來進行監督。法治是香港人在面對一個不確定的政治前途時——畢竟當時在絕大多數的香港人眼中，

中國在個人自由、法制等方面既無良好的記錄，亦無具體的保障
——可以依靠的一種制度因素。

　　但在政府的運作上，則相當微妙。理論上，殖民政府並非向被
殖民的民眾負責。後者並不是一群可能通過政治手段（例如投票）
來控制政府的市民；前者的基本考慮是為了維持有效管治，而需要
想想如何防止或減少來自民間的反抗。殖民政府大可以十分被動，
只求達到最低要求，大家相安無事，不過它並沒有這樣做。港英政
府慢慢發展出來的是一個「諮詢政府」的政治形象，以有商有量、
積極回應市民的意見和訴求的姿態出現，並以此作為它的統治手法
（關於這方面的詳細討論，見本書第四章）。

　　可以想像，殖民政府並不是很早便能夠成功改造形象，把其殖
民性重新包裝起來。當麥理浩在1971年來港上任總督時，他的觀察
是華人對殖民政府既不信任，亦無信心。事實上，在七十年代中期
以前，一般市民對政府的印象並不見得是正面和肯定的（呂大樂，
2012）。但無可否認，民眾的觀感不斷變化：首先，是貪污受到控
制，再而樹立了清廉的形象；第二是政府官員不再高高在上，而是
開始對市民的批評、投訴加強了反應；第三是政府官員和部門都開
始規範化，重視紀律（例如濫權的情況不斷減少，逐漸變為非常例
外的個別事件），而且更加強調程序。雖然這可以演變為墨守成規
的官僚主義，但卻令大部分事情都需要通過繁複的步驟，防止權力
之濫用。第四是如此龐大和複雜的政府架構大致運作良好，甚至頗
有效率。第五是政府內各層級的公務員逐漸發展出一種向市民負責

的意識，雖然犯錯後亦未必需要呈辭或接受很嚴厲的處分，但他們似乎都明白要向公眾交代，不可能不受監督。第六是隨着政制的轉變，政府部門自願或非自願地需要提高其運作的透明度，作為向公眾問責的一種形式。第七是廉政公署、審計署、申訴專員的設立，確立了一種政府的運作經常受到監督的文化。第八是享有新聞及言論自由的媒體，也是幫助公眾監督政府的重要工具。在彭定康當港督的年代，殖民政府的主要官員經常將「公平、公正、公開」掛在咀邊，作為他們那種凸顯問責的施政風格的官方論述。有趣的是，在九七回歸之後，每當特區政府的官員遇上公眾提問或批評時，仍不時引用同樣的論述作為回應或自辯的方法。由此可見，一種向公務員強調規範、自律、問責的期望，已經植根於香港社會。任何偏離於這種期望的表現，均會引來公眾的關注。

但香港市民對公務員隊伍的期望並非僅限於此。在肯定了公務員隊伍是一支有效率、重視規範和問責的行政管理團隊之後，市民還覺得這個行政管理型政府可以按理性的程序和客觀的標準行事，毋須將手上的問題視為政治或意識形態的抉擇，而是純粹以行政管理的邏輯和手段來解決。這種對公務員隊伍的看法，由最有代表性的人物——第一屆特區政府的政務司司長陳方安生女士——（於亞洲協會的午餐會上）作出了扼要的總結：

> 我們〔公務員〕不單在辦事效率、生產力、工作文化、服務態度等方面取得顯著改善，而且對貪污頹頇絕不姑息容忍，更重要的是，我們堅守開放透明的原則，樂於向市民交代。

凡此種種，均建基於我剛才所述用人唯才和政治中立的基礎上。公務員隊伍的其他特質，均衍生自這些恆久的價值觀。（陳方安生，2001）

重要的，不只是公務員隊伍的表現，而是他們作為理性管治的代表：

「向當權者直言進諫」是什麼意思呢？我認為這是指掌握最真確的資料，進行客觀分析，並據此向上司提出最恰當的意見，即使是逆耳之言，仍直言不諱。我和同事們自入職以來，一直被培養和鼓勵為忠言直諫的公務員，而這種作風，也促使上司、下屬及同輩之間建立互信。這種密切合作的處事方式，使官員之間的關係建基於互信，而非取決於個人或政治即興的考慮，同時亦為公務人員提供充分的個人保障。……在這種制度下，公務員無法藉阿諛奉承、講究政治正確、揣摩上意或拍馬屁而平步青雲。在較為政治化的制度中，上述弊端則必然出現，從而影響公務員的工作效率，削弱問責制度，令他們怯於「向當權者直言進諫」。……我特別強調這點，是因為我……深信公務員應該保持政治中立，量才錄用，而並非政治掛帥。換句話說，公務員應該是一份終身職業，專司管治工作。（陳方安生，2001）

這一種理解聽起來或會令人覺得有點奇怪（畢竟政府事務又怎可能不談政治呢？），可是當年在面對九七回歸的政治不確定的情況

下，出現這一份對公務員隊伍的心理投射——由不談政治的公務員團隊繼續以其慣用的行政管理的方式來營運政府，以減少1997年後可能發生的政治及意識形態干預——其實不難理解。在香港人眼中，中國的社會主義制度是政治掛帥，意識形態先行，處事的考慮與方法剛好跟香港相反。香港如何在回歸之後，於「一國兩制」底下，整個特區的政治制度不會徹底改變，避免出現由意識形態主導的政治呢？答案是繼續由公務員來負責政府的日常運作。這既是對中國的宏觀政治環境缺乏信心，同時也是對本地的政黨、政治人物欠缺信心的表現。

問題是：為什麼香港人會覺得公務員隊伍可以成為他們寄託的對象呢？

公務員隊伍的雙重政治任務

曾銳生在他的專著《管治香港：政務官與良好管治的建立》裏面，明確地表示出他對香港公務員隊伍成就的肯定；對於作為管治團隊骨幹的政務官，他有高度評價：「一如英國本土及其他屬地，香港於十九世紀下半葉以後建立的現代公務員體制，逐漸顯現出七個共通點，即公正無私、誠實正直、客觀、按考績篩選及晉升、透過大臣（部長）向國會負責、具有服務市民的意識和對公眾利益的承諾。」（曾銳生，2007：27）假如有合適的環境和配合的條件，這批官員能夠提供良好的管治。

曾銳生形容港英殖民統治為一種「仁慈家長主義」，而在這種管治形態背後，是一種自我約制，令殖民政府不會出現濫權的情況：

> 雖然殖民地政府一開始已意識到不能濫用權力，但戰前時期官員在這方面自行克制的程度遠低於戰後。……「倘戰後的香港政府因為推行不負責任的政策或者庸昧無能而引發社會危機，政府本身能否存續也成問題。」這種風險對殖民地政府是一股強大的動力，推動政府以克制的方式行事，並引入部分關鍵的行政改革措施，……。政務官的主導地位令香港形成自我克制的政治中心變得理所當然。……久而久之，這種需要在政治約制範圍內工作的模式便提升為一項原則。政務官逐漸接受殖民地政府的合法性必須根據兩項公認的原則，即社會團結及經濟穩定來予以肯定。（曾銳生，2007：188－190）

作為威權的殖民政府，港英政府大可為所欲為，可是這（特別是七十年代以來）並未有發生。曾銳生（Tsang, 2000：44）的解釋是過去港英殖民地政府的一個特點，乃它經常自覺其脆弱性和有着一個自制的政治中心（an inhibited political centre）。港英政府對其殖民地政府性質、微妙的（特別是冷戰時期）國際政治關係和政治認受性的敏感度，令它在處理香港的政治、經濟及社會問題時，特別小心和謹慎。這一種自我約束的傾向，令殖民政府在使用權力時特

別小心翼翼。[6]

　　他認為九七回歸以後，這種自制的政治中心的效應逐漸消失。他選的例子正是在亞洲金融風暴期間，特區政府擊退國際投機者的重要事件。他的評價與分析是這樣的：

> 雖然過後回顧，特區政府贏了漂亮一仗，但這畢竟是一場巨大的賭博，設想這事若發生在殖民地時期，即使沒有因為被指為不顧後果而遭即時否決，也會引發無數的思辯。過去約制殖民地政府冒進的因素，已被本土官員勇於當家作主的風氣所取代。當香港不再是英國殖民地後，這自我克制的政治中心效應已日見褪減。（曾銳生，2007：194）

但問題是為什麼舊時在殖民地制度的環境裏，政府及其主要官員會自我約制呢？是殖民地官員自覺其管治的脆弱性？是他們心理上的特點？還是殖民統治的政治特質——最核心的政治問題從來都未有進入香港社會的公眾議論的議程之上，於是大部分問題均轉化為行政管理的課題，可以將終極目的暫且按下不作討論，而只從成本與效益、不同手段或政策工具的選取等方面去思考問題。[7]這是香港社會在1997年以前很微妙的殖民處境；在制度上它是政治與行政混在一起的，但在日常生活之中，卻是政治與行政兩者分開，前者被

6　曾銳生進一步將港英政府推行的積極不干預政策也放入這個分析框架內討論。

7　關於這一點，我們在下一章繼續討論。

隱蔽了，而後者不單呈現於社會大眾的面前，而且還是放到台前，以一種相當細緻的手法表現出來。

這是很多研究香港政治和公共行政管理的觀察者一早便已注意到的問題（例如Burns, 2004：105）。而在中英啟動香港前途談判，整個社會進入了政治過渡時期開始，便有這方面的討論，並且認為這是一個問題，需要在草擬未來政治及行政體系時，好好對症下藥。例如：張炳良在八十年代末已指出了問題：

> 香港文官愈專業化，則愈感到其面對的政治上的矛盾角色。從專業觀出發，他們傾向於西方文官的政治中立；但在香港殖民地政府的現實裏，他們同時扮演着西方政制內政客的角色，直接去決定社會的各項公共政策。（張炳良，1988：13）

在港英時代，高級官員既是行政管理人員，亦是政治決策者。這兩個身份與角色上的重疊，本身是存在矛盾的，同時亦削弱了政務官某方面的發展，只是當時存在一個殖民地的體制，問題未有暴露而已：

> 文官的政治觸覺不足是其專業主義化發展的必然結果。他們加入文官體系本來就不是打算搞政治的，其專長（特別是政務官以外的各級專家人員）亦不在政治方面。這個制度性缺陷是什麼諮詢架構或行政吸納的手段所不能彌補的，唯一的

> 出路是政制的政治化和民主化，無論是意識形態或是組織結構上都需要加強政治性輸入，把過去的「政治行政化」的扭曲現象回復到政治問題由政治去解決的真面孔。這樣做可使職業文官專司其職，發揮其行政管理才能和專業知識，把政治決定（即決策的實質）交給由民主制度產生的政府領導層去負責；換句話說，文官應走向一定程度的政治中立地位。
> （張炳良，1988：13—14）

張炳良筆下的政治中立，其意思跟前面引述陳方安生所講的意思不一樣，同時亦有別於曾銳生（2007：193）的想法：「……香港政務官政治中立的意思是，他們不為任何人，包括宗主國英國或商業大亨服務，而是以他們認為最有利於香港社會的方式行事。」張炳良所提出的意見，是在建立特區政府的過程中，政治與行政的角色區分清楚，前者由向選民問責的政治人來擔任，而後者則由回到純粹行政角色的文官來處理，以消除角色上的矛盾與衝突所造成的不良效果。至於陳方安生和曾銳生，則覺得政務官的超然身份（他們口中的「向當權者直言進諫」、「不為某一種利益服務，將最有利香港社會的放在最重要的位置之上」），不應受政治化影響。而諷刺的是，在設計回歸後的制度與發展藍圖時，具體的做法令上述兩種截然不同的意見，均大感失望。對要求政治與行政分家的一方而言，最後的決定拖泥帶水，要到了特區政府運作一段時間之後，才後知後覺，真的落實政治任命的安排。而這對向來視公務員隊伍為政府的支柱的人士而言，則文官地位不保，其政治中立已被貶為行政程序中保持客觀平衡而已。

政治其實很實在

在回歸初期特區政府出現多次失誤後，坊間流傳一種說法，是以前殖民年代，倫敦在一些重大事情上，時有適當的指示，幫助公務員團隊化險為夷。這樣的說法其實沒有什麼根據，[8]只是想透過這樣的一種說法，來批評政務官——尤其是本地的高級官員——沒有當機立斷的能力。這種說法背後是否存在對殖民地宗主國的正面想像，這有待研究。但可以肯定的是，它反映出一種對公務員隊伍曖昧和自相矛盾的態度。香港人既喜歡見到公務員隊伍能保持政治中立，凡事都將正反不同的考慮包括在政策討論與分析之中，可是他們又嫌那四平八穩、強調程序的官僚缺乏果斷作出取捨、決定的能力。在現實生活裏，很多重大問題的所謂解決方法，並不能單憑程序把關嚴謹，又或者反覆思量而得出結論的；任何程序、分析過程的終端，都是一個選擇的問題，而當中關鍵是政治上、道德上的決定。那以為只要按照理性程序辦事就等於最終達至最合理、最合民意的決定的想法，肯定是過於簡單。很多時候在現實政治中的決定，都是政治上的抉擇。

在過去殖民年代，公務員隊伍之所以可以將政治與行政合二為一，儘管內在存在矛盾，但又不會出現很多問題，這多多少少跟殖民處境有關。第一、是前面已略為提到，殖民統治中最核心的政治

8　關於港英政府如何想辦法避開來自倫敦的指示、干預，以更貼近香港的社會狀況的方式來處理或解決問題，參考 Ure（2012）、Yep and Lui（2010）。

問題，通常都不會在公眾參與議論的議程上出現。第二、在引入代議政制之前，公眾議論的範圍其實相當有限，很多涉及價值取向的議題（例如環保、填海等），同樣都是鮮有機會成為議程上最受關注的項目。很多討論都可以純粹由成本與效益、機會成本等工具理性所主導的框架來進行，而由於價值取向的議題被壓抑，很多決定便可以憑行政管理的邏輯來處理。第三、跟第二點相關的是，政府很難完全避開價值、道德的課題，例如歷史文物保護便會是其中一個例子。舊時港英政府可利用在它周圍的諮詢及法定組織來協助處理相關的議題。對於什麼是好？什麼是不好？什麼是值得？什麼是不值得？什麼是有歷史價值？是第幾級的歷史文物？港英政府毋須同時亦不會走到最前，直接下個定論。相關的委員會負責下一個標準（當然，政府可以游說，或在陳述問題及可供考慮的方案上，做點工夫），而政府則在具體操作上，影響最後的結果。這也就是說，政府盡量減低它的政治形象，把問題轉化為一個行政管理程序中不同方案的選取。很多時候整個過程變得不涉及價值判斷，同時看起來與政治或意識形態無關，當中只是關於哪種方法更有效率、方便的考慮。其中的選擇只是一種相對性的選擇，而不會關係到什麼是好／壞、應該／不應該的決定。經過非政治化的處理之後，問題可以變得「行政化」、「管理化」。

　　長期在上述環境內工作的公務員隊伍，其實並不習慣作出涉及政治、價值取向的決定。在九七回歸之後，當整個制度、環境、政府與社會的關係均出現了重大變化之後，舊日政府行之有效的辦法和方式，基本上已無法按舊有模式繼續操作。這部分是舊日制度

的內在矛盾；早在八十年代便有這個關於高官同時負擔政治決策與行政管理功能的討論。九七後所出現的問題，可視為早已能夠預見的後果，之前未有正視，現在便要承受後果。另一部分是政制在逐步擴大代議性質的過程中，帶來了深遠的影響，也給公務員隊伍造成重大衝擊。以前將行政與政治二合為一的社會、政治條件已不復存在，現在就只有將政治與行政分開，才能理順整個政治程序的運作。

在這個調整的過程中，公務員的角色和文官制度也必須重新定位。由於政治制度已發生轉變，公務員團隊的政治角色及影響力有所削弱，是不能避免的事情。他們要做的是要接受文官作為一種職業的事實。他們的政治中立，意思是作為專業的行政管理人員，必須在考慮正反論點、照顧不同利益與意見、謹守理性程序的要求，而不是以一種超然的身份出現，以為專業管理可以代替現實中的政治。現時特區政府所推行的高官問責制未必是最理想的安排，但卻是回應了以往政治與行政不分所衍生的問題。更重要的是，它的設立反映出舊有的公務員隊伍制度，已經不合時宜，而被神話化了的行政管理型政府，也就要退出舞台；香港社會不能不正式面對現實中的政治。無論大家如何不想正面面對政治的存在，也恐怕別無他法，而只有面對現實，接受政治是生活的一部分這個事實。

第四章

「諮詢式
政治」[1]

假如到了今天特區政府仍以為憑着「諮詢式政治」

而可以吸納人才、

搞得一團和氣、大事化小、

營造社會團結等等的話，

則恐怕不單是事倍而功半，

在大部分情況下，

都會是白費心機。

1　本文部分內容曾以〈「諮詢式政治」崩潰〉為題的短文，於2007年1月16日在《信報》
發表。

非政治化的香港政治

我們在前一章提到，曾經在一段相當長的日子裏，香港政治是以非政治化的方式運作的。這聽起來似乎是有點自相矛盾，但卻又是殖民統治下香港社會的特色之一。有趣的是，過去很少人會問：那為什麼政治的部分可以長期被壓抑？最根本的問題——簡單如為何香港受到英國的殖民統治？殖民統治本身有些什麼不合理的地方？——一直未有放上桌面，公然辯論，並尋求較為令人滿意的回應。這也就是說，為什麼最政治性的政治議題從來沒有真真正正的登上社會的議程和公共的議事空間？反之，不少人在不提出以上的問題的情況下，將注意力轉移到一些操作層面的、較為實在的問題之上，並以為那就是香港政治的特質。這聽起來同樣都是矛盾的，但曾幾何時，很多人都確信那是香港社會鮮有發生政治不穩定的主要原因。他們甚至會認為香港能夠將最大的、政治性的問題放在旁邊，而通過制度內的不同渠道，令政府與市民大眾雙方互相溝通，促進安定繁榮。時至今天，依然有不少人覺得這一種非政治化的政治仍可以繼續運作下去。他們埋怨跟自己不同意見的人士將香港的社會環境搞得太政治化，言下之意問題是在於人，而不是制度。假如沒有人的問題，他們會覺得舊的制度安排大可一如以往，如常運作下去。他們所指的是，那一直在政府內外，從旁協助處理決策的諮詢系統。

在九七回歸之前，港英政府的諮詢系統大致運作暢順。對執掌政治權力的人士而言（由最高級的政府官員到受到照顧的利益集團），這種制度安排最理想不過：市民的意見可以自由發表，但對最終的決策卻又不一定起着決定性的作用，而諮詢的程序基本上可以滿足一般市民的期望，於是在沒有需要碰上民主化、政治權力的分配的大題目時，又可以為政府施政鞏固其民意基礎。他們對這種沒有真正放權而又可以維持政治穩定的制度安排，實在很難說不。問題是：這樣的制度安排需要怎樣的社會、政治基礎才有可能暢順運作呢？而這些宏觀的社會、政治條件在1997年之後，又是否繼續存在呢？

我們在這一章中，將從另一個角度來探討政府與社會的關係及其變化，而討論的焦點在於「諮詢式政治」之上。

諮詢性政府、行政吸納政治

Endacott（1964）在其著作 *Government and People in Hong Kong, 1841-1962* 裏分析殖民政府在施政的過程中，通常都會進行廣泛的諮詢，讓市民有機會對政府政策發表意見。這並不表示政府按民意來做決策，不過卻會收集意見，令公眾的利益在決策的過程中可以呈現出來（Endacott, 1964：230）。他將殖民政府描寫為一個「有商有量的政府」（government by discussion），旨在凸顯港英政府的施政特點——理論上，它毋須向被殖民的市民大眾負責，但卻

願意聽取民意，作為決策的參考。

Miners 了解到殖民政府對民意的回應並非完全沒有限制，因此在鼓勵市民表達意見之餘，亦要小心管理，以免超出了某個範圍，動搖了殖民統治的基礎（1975：201）。不過，儘管並非沒有限制，Miners 巧妙地將提問題的方式一轉，把市民表達意見、參與諮詢、利用輿論壓力來影響政府政策，理解為具備香港特色的政治。而連結到香港享有司法獨立、尊重法治、沒有言論審查、沒有未經審訊而收監的政治犯、個人及團體享有自由，可以抗議或其他行動來反對政府的決定，這雖未構成民主政治，但亦可謂實現民主的基本條件了（Miners, 1975：181）。明顯地，Miners 較 Endacott 小心得多，在沒有過分肯定諮詢制度的民主內涵的同時，卻突出了這種政府與社會的互動的重要性——殖民政府的政制並不開放，但這不等於市民的利益和意見沒有影響力。

Endacott 與 Miners 對香港政治程序的分析，很大程度上只是一次描述性的討論。從這個角度來看，金耀基所提出「行政吸納政治」（administrative absorption of politics）的概念，則顯然是要超越平面的描寫，而嘗試分析這種操作政治的手法有何前因及後果。按金耀基（1985：6）所下的定義，「『行政吸納政治』是指一個過程，在這個過程中，政府把社會中精英或精英團體所代表的政治力量，吸收進行政決策結構，因而獲致某一層次的『精英整合』，此一過程給統治權力賦以合法性，從而，一個鬆弛但整合的政治社會得以建立起來。」

香港模式

金耀基（1985：6）直接了當的指出Endacott所謂的「諮詢性政府」只看到現象的表面，至於「要掌握香港政府的政治藝術和本質，『共治』是一個鎖鑰性的概念」，而共治是指來自英國的統治者與本地的精英建立一個「共同分擔決策角色的行政體系」。這基本上是一種在精英之間建立共識的管治模式。金耀基從政治整合的角度來考慮，視此為精英與精英之間（或如他所言，是「草尖式」而不是「草根式」）的整合。殖民統治者之所以需要進行共治，並以「行政吸納政治」為管治的手法，是「為了肆應香港統治合法性之問題的需要而逐漸成長的制度」（金耀基，1985：8）。

究竟更具體之言，何謂「行政吸納政治」，其實金耀基並沒有說得很清楚。[2] 較清楚的是吸納的對象是精英，而要達至的效果是鞏固殖民統治的認受性（或金耀基的用詞是合法性）。至於較具體的運作，他只略作交代；例如：

> 由於「共治」原則的運作，非英國人的精英，特別是中國人的精英，逐次被吸納進行政決策結構中，從而，在行政體系之外，很少有與這個體系站在對抗立場的政治人；即使有，其政治影響力也大都是微弱無力的。（1985：6）

以上所講，似乎是關於「行政吸納政治」的效果（即削弱了未受吸

2　強世功（2008：2）撰寫對「行政吸納政治」的反思時，亦提到金耀基對該概念「並沒有給出完整的定義」。

納或選擇不進入體系的人士的政治影響力），多於整個過程如何吸納精英或產生吸納政治的作用。在另一段落中，金耀基又提到「政治的行政化」：

> 香港政府並不以為香港的政治必須是群眾參與的政治，政府最致力不懈的目標是達到最高程度的政治安定，以促進經濟的成長，而達到此一目標的重要鎖鑰則是「政治的行政化」（administerization of politics）。「政治的行政化」可以說是一種積極的「非政治化」。假如香港政府對經濟所採的是夏鼎基爵士所謂的「積極的不干涉主義」，那麼，香港政府對政治所採的可以說是一種「消極的干涉主義」（negative interventionism），究其本質，則是通過政府的行政機器的強化與開放，提供廣泛的政治服務，以消解社會上抗衡性政治勢力的出現與成長。經濟上之「積極的不干涉主義」與政治上之「消極的干涉主義」是平行運作，相輔相成。（金耀基，1985：9）

何謂「政治的行政化」？這可有不同的解讀。一種可能性是簡單而直接的將社會上的領袖吸納進入殖民政府的體系，讓他們有限度的參與政府管理社會事務的工作，爭取他們支持政府施政。這種看法應符合前一段引述的金耀基原文，提到這種吸納可削弱體系外人士的政治影響力。另一種可能的解讀，則是殖民政府將政治「行政化」（也就是去意識形態化），把社會議題轉化為社會政策或政府施政手法上的選擇，重視程序（但不是內容或某項決定的社會含

義），將視線聚焦於執行、操作層面上的問題，適當地釋放出公眾議論或討價還價的空間，但基本上不涉及香港政治的核心問題。這種理解可能較接近金耀基所說「政治的行政化」的意思。

但無論是哪一種解讀，重要的問題是行政真的能有效地吸納政治嗎？

「行政吸納政治」的局限

在這個問題上，金耀基的回應有點尷尬。他的分析是以港英政府於1968年成立民政主任制度為例，來說明兩點。一是它乃「行政吸納政治」的延伸。二是由於1966年九龍騷動暴露出政府跟社會基層缺乏有效聯繫，於是有需要修改以往只重視精英的整合，而將工作伸延至草根階層。這項回應之所以有點尷尬，是因為這等於承認無論是過去或當時，殖民社會上的華人精英跟一般市民根本並不存在一種有機的連繫，以至前者進入政府體系，成為吸納的對象，並不等於草根階層亦隨之而認同或至少不排斥殖民政府及其施政。這種存在於精英階層與普羅大眾之間的距離，令殖民政府很難可以單憑招攬一些意見領袖、社會賢達、擁有一定知名度的社會人士，

便足以穩住整個社會局面。[3] 明顯地，只集中於精英階層的政治整合，難以面向社會上不同階層的訴求，而金耀基本人也意識到這一點。可是，他似乎並未有因此而認真了解在草根層面上進行吸納，殖民政府需要做一些什麼重大的調整。民政主任制度本身並不牽涉將權力下放到社區，其主要功能只在於加強溝通。殖民政府或多少能憑此新政而加強在社區層面上了解民情，更努力地做好政策的宣傳，甚至改善政府的形象（例如不至於高高在上，而有嘗試走入社區），但那跟吸納似乎有相當大的分別。事實上，香港社會在七十年代的一項新發展，是出現了大量由社區居民所組織或參與的請

3　從某個角度來看，劉兆佳所提出的「功利家庭形態」論及在其著作 *Society and Politics in Hong Kong* 所作出的分析，基本上並不贊同「行政吸納政治」的好些假設。首先，劉兆佳並不覺得香港社會的政治穩定，可從拉攏精英，爭取他們的支持，而圓滿解釋（Lau, 1982：15－16）。他認為香港是一個「低度整合的社會政治系統」，殖民統治下的官僚政體與華人社會之間缺乏有機的連繫，於是拉攏精英，亦無助於保證一般市民會因此而接受殖民政府，令社會穩定。他在書裏特別有一章談論中介組織，就是要交代上述的分析。相對於「行政吸納政治」，他提出的是「社會包容政治」（social accommodation of politics）。對他來說，要了解為何香港政治穩定，應從社會入手。從這個角度出發，劉兆佳並不認為殖民統治的認受性是問題的核心，因為「被殖民的華人來到香港，乃自願地置身於外來的殖民管治之下」（Lau, 1982：7）。這是香港作為一個移民社會的特點。所以，要深入探討的問題不是殖民政府能否在華人面前取得認受性，而是他們是由哪種心態出發，來界定自己與社會的關係。劉兆佳稱那種文化取向為「功利家庭形態」，「盡量避免與家庭群外的人發生衝突或齟齬」（劉兆佳，1985：160）。香港政治是一種「界線的政治」（boundary politics），官民雙方均無意改變大家的關係，而是在維持既存界線的情況下，在具體的公共政策上作出微觀的調整（劉兆佳，1985：167）。

願、抗議（呂大樂、龔啟聖，1985），[4] 這反映出民政署底下的工作（包括在七十年代初推出「反暴力罪行」和「清潔香港」的兩次大型運動，以及順勢而啟動的「互助委員會」計劃），並未成功地化解草根階層的不滿，更遑論把他們吸納到政府體系之中。

「行政吸納政治」論的更大問題，在於金耀基未有正視殖民統治下香港社會的特點。首先，我們應該如何理解殖民統治的認受性（或合法性）的問題。金耀基的分析主要建基於這一點之上。但問題是在六七十年代（甚至是九七回歸之前），這並不見得是市民大眾的關注重點。這樣說並不表示香港市民擁護殖民制度及其管理人，而是認受性（或應說是缺乏認受性）的問題乃大家心照不宣的事情，明知香港是殖民地，對某些安排（如為什麼大家對港督的人選全無影響力、發言權）便無謂公開提問了。因此，就算殖民政府在政治整合上如何努力，也很難完全贏取民眾賦予政治認受性。而這結合了第二點，就是「行政吸納政治」的結構性局限。如強世功（2008：4）指出：「港英政府最大的政治就在於港督的殖民統治，這個政治是『行政』無法吸納的。」[5]「行政吸納政治」能夠在回歸前運作大致暢順，一定程度上是因為當時的民眾都沒有將殖民政治放上桌面，視之為必須正面面對和解決的問題。這一種政治壓抑

4　金耀基並非未有注意到，七十年代的香港社會出現不少集體抗議。他在文章的註12提到，在1969年至1978年間，香港發生了630次集體抗議，其行動形式以請願為主。不過，他覺得行動的組織者採用和平的抗議手段，因此認為它們反映出香港「沒有暴亂和政治衝突」，反而未有考慮為何在成立了民政主任制度後，每年平均仍有六十多宗抗議呢。

5　相似的看法，見吳增定（2002）。

幫助殖民政府將政治統統變為行政管理的問題。[6] 這是我們理解為
何「諮詢性政府」、「行政吸納政治」曾經在港英政府底下起着重
要的政治功能的關鍵因素。

　　當然，金耀基對整個政治背景的關聯性，絕非一無所知，因
此，當他觀察到香港的政治環境將會隨着前途談判而起變化時，也
指出了未來所要面對的挑戰：

> 「行政吸納政治」自覺或不自覺地是香港百年來政治的基
> 本模式。近年來香港的政治雖已逐漸有修正這個模式的傾
> 向，惟基本上仍沒有重大的變更。但是，從1982年秋天所
> 謂1997或香港前途問題由英國撒切爾夫人訪問北京展開之
> 後，香港的「政治體」開始劇烈震動，因而百年來行之有效
> 的「行政吸納政治」的統治形態也受到重大的挑戰了。（金
> 耀基，1985：15）

6　這裏所指的政治壓抑跟強世功的分析並不相同。他強調：「『行政吸納政治』的真正含
　義並不是單純的無條件的『精英整合』，而是港英殖民統治在殘酷鎮壓了那些希望當家
　作主而不服從殖民支配的反殖民主義者後，將那些甘心或違心接受殖民統治的精英或草
　根下層整合到殖民體制中。」（強世功，2008：16）他的分析忽視了香港社會在七十年
　代的重要變化。第一，所謂的左派在香港的角色與策略有所調整。跟之前不一樣的考慮
　是，英國帝國主義和港英殖民統治並不是主要矛盾；按「愛國反霸」路線的指引，反蘇
　聯修正主義和美國霸權，較在港跟殖民政府進行鬥爭來得重要。自此以後，左派在參與
　社會抗爭時，會盡量避免太過激烈的行動，以防動搖了社會現狀。第二，是殖民統治本
　身的變化，儘管其殖民性沒有根本的改變，但在面對社會上的各種問題、處理與社會的
　關係上，的確有別於舊日的形式（呂大樂，2012）。對很多直接經歷移民或有移民背
　景的香港家庭來說，論社會的安定與經濟的繁榮，當時的香港確實較中國大陸是一個更
　好的選擇。他們的政治壓抑是對保持現狀心照不宣的一種表現。

「諮詢性政府」、「行政吸納政治」不太可能在新的政治環境裏如常運作，這是很多人都能預見的。

「諮詢式政治」已經不合時宜

然而，要真真正正的面對新的政治挑戰，又往往是知易行難。還是那句老話，既然行之有效，那又何必輕易放棄。事實上，「諮詢式政治」至今仍然獲高度肯定，每當政府遇上棘手的難題時，主要官員依然會覺得改善諮詢過程，便可應付來自社會的批評和壓力。[7]

據2014年的官方資訊，香港特區政府底下有470個諮詢及法定組織，當中涉及3,900名社會人士的參與。[8] 由如此大量的諮詢及法定組織所組成的一個諮詢網絡，並不常見（Holliday and Hui,

---

7　一個有趣的例子是特區政府在2004年回應年前數十萬市民上街遊行抗議，其中一招仍離不開廣開言路，多聽市民意見。而要有效地表現出這份誠意，政府在《施政報告》中照舊搬出「諮詢式政治」：「我們的目標包括：……廣泛延攬各方英才以增強代表性；強化諮詢和法定組織作為政府施政伙伴的角色，增加他們在政府決策過程中的參與；……進一步樹立諮詢和法定組織作為市民參政議政的重要渠道；……以及提升諮詢和法定組織作為公共政策智囊機構的地位。」接着，提到「加強地區工作」，而新的工作項目是「重視中產階層人士」：「我們會委任更多中產階層行政管理人員與專業人士進入政府的諮詢組織……。」詳見香港特別行政區政府（2004）。

8　有關的統計顯示，香港的諮詢及法定組織由1981年的360個增加至1991的437個及後來2005年的509個（Holliday and Hui, 2007：104）。政府曾於2005年對分類進行檢討，建議將一些地區性的委員會從名單上剔除。因此，2014年的數字不能跟前面提及的統計相提並論。

2007：103）。香港政府在1997年前後均相當強調運用諮詢及法定組織來協助施政，的確可視為本地特色。至於在具體安排上，張超雄（Cheung, 2003）、張炳良等（Cheung and Wong, 2004）的分析均指出這些組織的成員組成，仍然偏重於工商界。雖然參與者的社會背景已有一些變化（例如傳統的專業界有所下調，而一些新的專業或半專業如教育、社會服務則有明顯的增加），但總的來說，一般勞工、僱員的參與還是未有得到應有的重視。張炳良和黃志偉認為，自八十年代踏入政治過渡期以來，代表功能界別的利益的安排逐漸制度化，其中最為明顯的是在1985年建立代議政制時，引進功能組別的概念。而有關的概念與制度安排，更於制定《基本法》的過程中得到進一步的肯定（例如選舉特首的選舉委員會）。於是工商界、專業界等可循各種以功能界別為基礎的社會政治參與渠道，而發展其政治事業。他們認為這種功能界別利益代表的精英政治，在回歸後的香港發生了變化，令這批功能界別的代表不再像港英時期的被動、服從，而可能會利用其政治本錢，嘗試跟政府討價還價，或藉着反對政府的建議而爭取表現，為未來的政治事業鋪路。

　　張炳良和黃志偉提出來的，似乎是假設多於對具體狀況的分析。他們的論點最有趣的地方，在於指出功能組別已成為了政治權力的地盤，與六七十年代的情況明顯地有所不同。參與其中的精英份子不再處處表現被動，而可能另有打算。因此，特區政府在操作「諮詢式政治」時不可能再是一切都在控制之內，而是愈來愈多機會遇上阻力或不確定的因素。他們舉自由黨作為例子，其實跟分析的內容並不呼應。更大的問題是今天「諮詢式政治」已未能如政

府預期般的發揮作用（即有限度的參與，但又可幫助及支持政府施政）。「諮詢式政治」失去舊有的政治確定性，應是整個體系出現問題，較張、黃兩位所想，更為複雜。

今天，「諮詢式政治」陷於崩潰邊緣，而這是一個制度層面的問題，原因共有十點：

（一）「諮詢式政治」的出現乃基於殖民管治的政治需要：在一個差不多完全封閉的政治體制裏容許有限度的公眾事務參與和建立有限度的民意認同和支持。如我在前面所提到，這個系統的建立不在於處理所有政治問題——對於殖民統治本身，基本上是避而不談的。因此，「諮詢式政治」的運作邏輯是它並不會觸及最尖銳、最核心的道德、價值問題與選擇，而是專注於在既定的框框裏面，尋找共識、技術上可處理問題的方法。在九七回歸以後，特區政府跟香港社會的關係已發生了基本的變化，舊日不受重視的政治認受性問題，現在是經常提出的質疑。這個關係上的轉變，令「諮詢式政治」需要面對一個全新的政治議程。

（二）自從議會引入代議制元素，出現了更具代表性的民意代表之後，「諮詢式政治」的重要性已隨之而日漸下降，其基礎亦開始動搖。原因簡單不過，當公共議論出現爭議性的課題時，誰有當市民代表的地位，是關鍵因素，影響到參與者的發言權。有人認為參與諮詢的人士可以分兩類：一是民意代表，二是專

業意見。理論上，兩者可以互相制衡，令討論不會向某一方面傾斜。前者的角色是令政策討論與最後的決策不會出現閉門造車的毛病，要照顧社會上的不同利益；後者的功能則是避免出現民粹主義，忽略了專業的考慮。假如政治環境平靜和氣氛良好的話，那兩者會較易取得平衡。可是，如果爭議不斷，則民意代表的資格會顯得較為重要，至少很難完全否定他們的角色（甚至是權威）。專業意見很難完全抗衡民意代表的挑戰，始終後者有其基本的認受性，可以以其取得市民授權的身份自居。在現實的政治世界裏，大家關注的是切身利益，而不是評論誰的說法更為科學、客觀。

(三) 在以往低度開放的政治體制裏，「諮詢式政治」是一個政治參與的階梯和政治身份系統。雖然參與諮詢的社會人士不一定全心靠近建制，並從中取得利益，但在舊有的政治環境裏，獲得委任確有其象徵意義：最低限度是對受委任者於所屬界別之成就、地位的認同和肯定。更為重要的是，因當時在政治地位上的流動取決於政府的委任，「諮詢式政治」制度能產生一種內部自我制約的效果，令參與其中的社會人士都願意接受建制所訂下的遊戲規則與規範。而政治地位和身份的象徵意義，也收吸引人才之效，推動不少人投入各級諮詢渠道，並且自覺爭取表現。今天，作為一種政治參與階梯和政治身份系統，「諮詢式政治」的功能已消失得七七八八。參與諮詢組織或可幫助個人取得曝光的機會、取得一個身份去公開發表意見，甚至可逐漸在新聞媒體及社會大眾面前建立形象和聲譽，但要在政治圈

中更上一層樓，則很難完全不踏足政治團體及選舉政治。對有政治野心的人士而言，只投身於「諮詢式政治」，實在難以滿足他們的期望。

(四) 今時今日，對熱心參政或藉政治參與而取得好處的人士而言，「諮詢式政治」已不再是一條有保證的「光明大道」。直接的說，「諮詢式政治」再不能發揮「政治交換」的功能。現時每當政府受到政治壓力，希望有份參與諮詢的社會人士出來面向公眾，盡其義務，幫忙對外解釋或為政策護航時，經常會出現「集體失蹤」的現象，甚至反過來「挺身而出」，「主持正義」，參加反對陣營（但在各會議上卻未必曾經將其反對意見備案）。這令舊日「諮詢式政治」對政府施政的支持度大大減低。與此同時，在政府眼中，「諮詢式政治」亦再無昔日那種確定性。假如「諮詢式政治」曾經有過一套遊戲規則，那種秩序與規範（雖然可能只是一種服從文化）現已煙消雲散。要求參與者在諮詢過程中為集體主流意見承擔責任，是相當困難的事情。

(五)「諮詢式政治」從來都不是營造政治共識的渠道。由諮詢委員會到「綠皮書」，「諮詢式政治」的主要功能在於以守為攻，在民意中間製造平衡，盡量防止民意全面走向反對陣營的一方。「諮詢式政治」擺明是選擇性的——在委員會的人選上如此，而政府最終決策所參考的意見，亦經過選擇。後來，殖民政府愈來愈得到民眾所接受，令人產生錯覺，以為只要完善諮

詢程序，便能促成政治共識，營造社會團結。我說那是錯覺，
因為它的政治效果乃大環境使然，而並非「諮詢式政治」本身
一定就能產生共識。去殖民後的香港，「諮詢式政治」基本上
打回原型。

（六）從前的「諮詢式政治」之所以能夠發揮作用，乃借助參與諮詢
的意見領袖、專業人士於民間或所屬社會界別的聲望、信譽或
專業地位，為政治諮詢提供合理化的基礎。「諮詢式政治」曾
經包裝為既尊重專業意見，亦重視民意的代表性；與此同時，
政府亦運用這樣的混合考慮，以解釋其有選擇性的委任方式。
從政府的需要來看，只要委員名單不太明顯的傾向於親政府或
傾斜於保護某些利益，在形式上能稱得上兼容、平衡，則已達
到政治目的。這樣的諮詢安排，能為政府施政添上最起碼的民
意基礎，同時也能為政府在諮詢架構內保持控制，令其內部意
見互相制衡。但在政制逐步走向民主化的過程中，諮詢架構
（作為反映民意機制）不能避免地貶為整個政治程序的邊緣部
分。今天，無論議員的表現有時是如何的令人失望，始終有民
選議員的議會才是名正言順，是反映民意和公眾參與的主要渠
道。在其反映民意的功能逐步下降的情況下，「諮詢式政治」
地位尷尬，論專業性，它不夠專業，論接觸社會不同界別及層
面，又嫌不夠廣、不夠深。

（七）殖民時代政府施政的特點是以行政管理為主導，但如前面所談
到，這並不是說殖民管治沒有政治議題，只是那些涉及基本制

度、權力分配的政治問題，都不存在議論、討價還價的空間與可能性。所以，儘管整個政治系統存在不少問題（例如諮詢對象有選擇性，權責範圍有限並且不一定符合市民的要求），卻都被界定為政治議價及談判範圍以外的事情，而令其運作不至於出現困難。今天，市民對政府施政及決策過程的要求已有改變，再加上宏觀的政治生態環境亦發生了重大變化（例如特區政府連立法會內的支持亦欠把握，而親建制的政黨也要考慮選舉策略和爭取選票），任何略有傾向的諮詢，差不多都肯定會受公眾所質疑。諮詢的程序做得足夠，不等於就可以將各方面的矛盾、利益、意見擺平；如果諮詢程序本身出問題，則差不多可以肯定會成為一個大問題。由一個低民望的政府來處理諮詢，就更往往會自製炸彈；諮詢本身不時都成為了具爭議性的議題，令政府受到更多的批評。

(八) 從前殖民地管治盡量將政治議題局限在行政管理事務範圍之內，以諮詢的手段來合理化整個決策的過程，是較易自圓其說的。在這樣的制度下，決策被看待為一個技術性的和關於程序上是否妥當的問題；這也就是說，決策與判斷、價值、道德或政治取向無涉，技術官僚加上大致上能平衡反對意見的諮詢程序，便足可鞏固政府施政的社會基礎。其實「諮詢式政治」有其局限：它並不適用於牽涉價值衝突的社會事件之上。當爭議並非只關乎經濟效益、行政手段是否有效率之類的技術性問題，而是關係重要的政治、決策的立場和價值判斷時，它的弱點便表露無遺了。而一個處於弱勢的特區政府，它要處理的問

題很容易被推回到判斷、價值、道德或政治取向的方面，難以利用程序上的無誤來為政策護航。

(九)「諮詢式政治」是「框框政治」，從前運作暢順，因委員會的職權範圍本身不會是一個爭議的題目。它的一大特點是參與者打從開始便接受了它的限制（政府沒有必要完全根據諮詢的結果而作出決定）。今天，形勢不同，持反對意見者沒有需要作出這樣的妥協。挑戰特區政府，否決政府所定下的框框，是有效的政治動員的手段。而對政治動員機會感興趣的，不限於反對派；現在我們經常可以見到，就算是建制派人士，亦不會輕易放棄一次動員群眾的機會。再者，就算持反對意見者願意妥協，部分輿論亦會質疑他們是否有需要讓步，不易令持反對意見者之中出現一致的態度，達至社會衝突納入建制的制度框架之內的效果。

(十)「諮詢式政治」是政府行政權力核心為主體，配合一個一元政治權力體制的安排。在啟動了有限的民主化之後，政治權力體制已由單一格局走向二元或多元。雖然立法會未足以成為另一個完全抗衡行政系統的權力核心，但已肯定是公眾焦點所在的政治場域。在這樣的政治佈局裏，「諮詢式政治」的角色與功能只會日漸收縮。

當然，我相信特區政府仍會通過諮詢及法定組織來擴展其社會接觸，爭取社會支持。諮詢及法定組織不會消失，同時也沒有需要

消失。我想指出的是,假如到了今天特區政府仍以為憑着「諮詢式政治」而可以吸納人才、搞得一團和氣、大事化小、營造社會團結等等的話,則恐怕不單是事倍而功半,在大部分情況下,都會是白費心機。

又有不少人認為,「諮詢式政治」大可改為純專家式路線,講求客觀中立,突出專業知識、深度的討論,便足以抗衡完全以所謂的民意為依歸的政治。這種想法是良好意願,但卻忽略了兩點。一是專業不一定不涉及利益。關於這一點,近年不少社會動員都反映出群眾對此的保留。第二是專業意見較易達至共識。在新的政治環境裏,這未見得必然如此。嘗試將「諮詢式政治」局限於某類議題,不是不可,但其政治效果則不一定如他們所想的一樣。

簡單的説,「諮詢式政治」發揮最大政治效能的日子,早已過去。

第五章

「唔好阻人發達」
的社會秩序
與規範

在九七回歸、亞洲金融風暴以前，

中產的那一套態度、價值與理念，

差不多就代表了一般市民眼中的

香港的社會秩序與規範。

所以，可以說，

在理解中產階級的過程中，

我們也了解到戰後香港的社會秩序與規範。

1　本章改寫自呂大樂、王志錚：《香港中產階級處境觀察》（香港：三聯書店，2003）的
　　第3及4章。

導　言

　　九七回歸前後的一大轉變，是香港由一個不談或少談階級的社會，轉變為一處經常提到下向社會流動、M型社會、貧富差距、兩極分化的地方。以前，好些研究員都認為階級這個概念根本不適合套用到香港社會之上；[2] 現在階級、社會不平等統統成為了重要的和受人關注的社會議題。當然，這個在1997年後發現階級及社會不平等的現象，更準確的解讀，應該是回歸之前大家忽視了那些問題——在八九十年代當「東亞四小龍」受到高度關注的時期，早就有觀察員指出，香港是四處地方中的例外。意思是台灣、南韓在經濟發展過程中保持收入分配相對地均衡，但香港的情況略有不同，堅尼系數（作為粗略反映收入分配狀況的一個數字）相對地高企，顯示分配不均，而且並未因為經濟快速增長而會有所改善。[3] 可以想像，階級的問題不是突然從天而降，而是一直都存在，只是以前未受注意而已。

2　一次較全面的回顧，參考李明堃（1996）。

3　據政府統計處（Census and Statistics Department, 1982：38）的資料，按住戶收入而計算的堅尼系數，1971年是0.43，而1981年是0.45。除七十年代初期有過改善外，往後一直上升，到2006年及2011年分別為0.533及0.537（Census and Statistics Department, 2012：84）。

　　九七回歸之後，面對亞洲金融風暴的衝擊，再而本地泡沫經濟（尤其是房地產市場）爆破，令整個社會經濟環境發生了重大變化，其中勞動市場的轉變，影響最為深遠。經濟危機與衰退的出現（先有亞洲金融風暴，後來是「沙士」疫症所造成的衝擊，而世界金融海嘯當然也是另一次打擊），首先將本來生活安定的中產階級喚醒。從前中產階級可以規劃未來（由職業生涯發展到退休後的生活），對個人前途充滿信心。但自從中產亦開始需要憂慮失業、裁員遣散、減薪之後，舊日那份安全感逐漸消失。我們必須明白，相對於其他階層而言，中產的處境已經算是較有保障的了，但以前那種生活上的確定性已再無保證，而這動搖了中產人士的信心。[4]

　　但往後再發展下去，公眾開始意識到問題不僅只是中產的安逸生活受到衝擊那麼簡單，而是整個機會結構正在發生變化。公眾議論的題目由「負資產」、中產苦況，轉到一般的貧富差距、中產階級是否正在消失之中。在議論的過程中，大家的關注點其實慢慢有所轉變。在九十年代初當工廠北遷、經濟進行轉型時，不少人以為問題主要發生在低學歷、低技術的勞工身上，只要提升個人的勞動市場競爭力，應該可以免受打擊。接着，在九七回歸之後，中產人士也開始感受到壓力，但整體上還未覺得問題已蔓延到更宏觀的層面，亦未開始懷疑問題的性質已有所變化。但不多久市民的關注點逐漸轉移到更普遍的現象，而到了2006年前後，他們開始談論下流

4　有關中產階級在九七回歸後初期的處境，見呂大樂、王志錚（2003：67－115）。

社會、M型社會、中產是否消失等題目。[5] 到了這個時候，大家的關注點已不再只是個別階級的處境，而是關係到整個香港社會的機會結構：例如中產階級是否有消失的趨勢（作為下流社會、M型社會的指標）不只是關乎中產人士能否保住他們的位置，更為重要的是這將會影響到其他人晉身中產的機會。如果中產的位置減少了，則低下階層的上流機會有可能下降。在這樣的轉變的情況下，大家開始感受到階級之間的關係、彼此之間的競爭已不再跟以前的完全一模一樣。

以前，研究員會問：香港是一個階級社會嗎？他們的意思是香港存在階級不平等嗎？香港市民會以階級作為一種認同嗎？現在，似乎更多人在問：香港是一個怎樣的階級社會？

中產階級們象徵意義

無論是過去還是現在，[6] 有關香港社會與階級的討論，總是很難避免提及中產階級。或者有人會認為這是對中產階級的抬舉，誇大了他們的重要性和社會含意。要談階級的話，為什麼不是以兩個

5　下流社會、M型社會等概念，都是「泊來品」。理論上，香港的狀況有別於日本。但有趣的是，香港媒體及市民都對這些從外面引入的概念有所回應，並且覺得也能反映他們的處境。

6　這裏所指的過去，是七十年代至九七回歸的香港社會。在七十年代以前，公眾討論中甚少提到中產階級一詞。有關中產階級在公眾論述中的轉變，見呂大樂、王志錚（2003：33－37）。

對立的階級——工人階級和資本家——為起點，而是以中產作為一個中心話題？但假如我們了解到香港於二戰結束後作為一個移民社會的話，則應該不難明白，中產階級（或更準確的説，是如何成為中產）是很多家庭努力奮鬥的目標，而因此會是他們關心的一個題目。對第一代移民來説，最為重要的是要找到一處安身之所，能「有瓦遮頭」；「搵到兩餐」，已經是相當不錯。對於未來的希望，他們放眼於子女身上。當然，他們亦知道不是每個子女都可以出人頭地，而他們的期望也不一定很高（望子成龍是一種態度、一個方向，而不一定是很具體的指標）。事實上我會相信，第一代移民心中也沒有中產階級的概念。但他們會期望自己的子女可以建立小康之家，而能夠出人頭地就更好。他們口中未必會直接提到中產，但在心底裏卻或多或少會以成為中產作為一個參考框架。

中產階級作為一個概念，由模糊的到後來逐漸變得具體，這很大程度上跟整個社會的結構和制度漸漸發展起來有關。所以，香港社會在七八十年代逐漸發展出中產階級的概念（呂大樂、王志錚，2003：33－37），並非偶然。而在這個過程之中，能當上中產階級的人士，總是社會中的少數。中產階級這個概念之所以對廣大市民有吸引力，多少跟這個現實有關——因為不是每個人都可以隨便的成為中產，那中產的位置才會顯得重要，會成為很多人努力的目標。同樣重要的是，中產階級的價值、文化及意識形態之所以會成為社會的主流，是因為它們在象徵意義上代表了一種「人人有機會」（成為中產主要是憑個人成就而不完全是由家庭背景所決定）的開放的社會體制。中產階級的出現及成長，往往會被視為一種社會

發展的指標。從這個角度出發，我們更易理解，為什麼在一個正處於發展中狀態的經濟體系裏冒出了一個中產階級，會是如此受人重視的現象。

二戰後香港社會、文化的一個重要組成部分，是逐漸形成的中產精神面貌。我們值得注意的，不只在於中產階級對香港社會的看法與他們所接受的意識形態，而是這些想法如何在戰後香港社會裏，慢慢的衍生為社會秩序與規範。在九七回歸、亞洲金融風暴以前，中產的那一套態度、價值與理念，差不多就代表了一般市民眼中的香港的社會秩序與規範。所以，可以説，在理解中產階級的過程中，我們也了解到戰後香港的社會秩序與規範。[7]

隧道效應

黃偉邦（Wong, 1995：389）在分析相關的問題時，提出了一個有趣及值得深入討論的觀察：「香港社會在六、七十年代驚人的經濟發展似乎令很多人可以有所成就而毋須面對其他人的反對或對

7　以下討論的資料來源，除指明的材料之外，主要是來自兩項問卷調查。它們分別是於1989年所做的「香港社會流動調查」和1992年的「香港中產階級調查」。前者以隨機抽樣方法選取了1,000個住户作訪問，訪問對象為年齡在20歲至64歲的男户主。詳見Wong and Lui（1992a）。而後者則通過隨機抽樣方法，在香港市區及新市鎮範圍內成功訪問了590名受訪者，受訪者為年齡在20歲至65歲之間有工作或收入人士，但不包括全職學生。此計劃乃一個有關東亞中產階級的研究的一部分。詳見Lui and Wong（1994a）；Hsiao（1999）。

他人造成負面的影響。繁榮與經濟增長創造了一個良性環境，令人相信自己出頭的機會一定會來臨。」這是一種所謂的「隧道效應」——因塞車而困於隧道內的司機會因為看見另一條行車線上的汽車能向前移動，而產生希望，並認為自己也有前進的機會的樂觀情緒。[8]快速的經濟增長與發展，令本來存在於社會結構內的障礙，減低其阻人前進的效果，產生了新的位置和機會，使人相信發展機會有可能在身邊出現。[9]當然，困於隧道內塞車的人群並不一定如此反應；他們如何反應還得看相關的社會環境的條件（Hirschman, 1981：49-56）。

上述「隧道效應」的討論，給我們的啓發是，階級與階級不平等會給社會帶來怎樣的問題，要視乎幾方面的因素。經濟發展的速度及步伐是其一，階級關係是其二。究竟在隧道內飽受塞車困擾的司機們見到另一條行車線上的汽車開始移動，會認為自己遲早也有機會開動，還是會因此而更加不滿堵車的情況，明顯地是會因為不同階級之間有無敵對態度或嫉妒所影響。香港的中產階級是在一種怎樣的階級關係及一個怎樣的社會環境裏冒出頭來的，是值得關注的一個方面。另一點啓發是由「隧道效應」所引發的一點考慮——

8　「隧道效應」引自Hirschman（1981）。有關的討論也可參考狄明德（1997）。他特別強調，Hirschman的分析兼顧了在隧道內與隧道出口的情況：「賀氏透過隧道的比喻指出，一方面處於隧道之中，目睹鄰居成功的那些人，靠着希望而生活。另一方面，也發現走出隧道之人不合常情的狀況〔註：例如暴發户〕，就是成功可導致更多的社會緊張。換言之，實際或是假想的機會均等，常使人在面對經濟以外社會上其他的不公平時，產生不滿。」（1997：121-122）

9　用通俗常民的語言來説，這是一種「唔好阻人發達」的心態；詳見呂大樂（2001）。

這是一個關於群眾對經濟發展過程中階級差異與不平等的容忍的問題。必須指出，這裏關鍵詞是容忍（Wu, 2009）——更準確的説，是對階級不平等的容忍與反抗。市民怎樣看待種種在經濟發展過程中階級之間所存在的差異與不平等，比較傳統階級理論中理解某個階級是否有一份自覺的問題來得重要。

淘汰制的既得利益者

在二戰後的幾十年裏，中產階級可以説是香港社會建制內的既得利益者。對那些通過考試、學位競逐而晉身中產階級者，他們是受惠於現存的精英教育制度。至於那些要在教育途徑以外找尋社會流動機會的人，則受惠於經濟發展及其帶來的結構性轉變。但必須説明，他們並不是在殖民地管治的蔭護下唾手而獲得很多好處的一群。同時，也不能將他們看待為殖民政府特別保護的一群——至少在香港中產階級的眼中，並不認為政府對他們有些什麼優惠、照顧。

當然，在戰後香港社會冒出頭來的中產階級，當中不少受惠於某些社會政策——其中教育的普及化及公共房屋的興建，的確令不少來自普通家庭的年青人可以有機會繼續升學，而部分更是「在屋邨長大」的一群，因政府的房屋政策而有可能在一個（儘管不能説是環境優美、設備良好）相對地安定的環境裏成長。政府在各項社會政策（特別是教育、房屋和醫療這幾方面）的建設，對構造一個

有助低下階層人士亦可參與社會流動競賽的社會環境，有明顯的作用（參考 Post, 1993, 1994, 1996）。

但這些社會政策及相關的制度安排有其特點，就是其普遍主義（universalism）的特性。[10] 這也就是說，雖然政府對教育投入大量資源，可是這些資源的投入並沒有明顯地選定某一個資助的對象。香港的教育制度就是一個由政府製造出來打淘汰賽的競技場。基本上，在香港的中產階級的成長過程中，他們覺得自己是在一個強調以競爭來決定個人命運的市場環境中取得成就的。在很多人心目之中，成功是由自由競爭所決定的。所以，儘管在香港的教育體制裏政府的影子無處不在，但參與這種學歷競賽的，卻只會視政府為競賽規則的制定人和維持競賽秩序的公證人，一切得失最終由汰弱留強的比賽來決定。

所以，雖然部分中產階級多多少少可以說是受惠於香港社會建制的安排，但他們更傾向於視自己的成就為競爭中優勝劣敗的結果。他們不一定對政府政策的具體安排特別滿意，更不認為種種設計與安排都最能凸顯一些內在的優劣好壞，不過到最後他們都會接受這種強調競爭與淘汰的競賽規則的中立、公開與公平——儘管公開考試有千萬種不是，是如何殘酷，它始終是一種公開的競賽。他們並不覺得自己的成就乃依附於某一種制度的安排；他們很大程度

10　一個政府在塑造一個中產階級的過程中所扮演的角色，並不是不會引起爭議的。在某些發展中國家裏，政府的政策是明顯地有着傾斜性（例如在一個多族群的社會裏刻意培植某個族群的中產），而往往會演變為造成社會衝突的矛盾。

上是因為懂得在既定的制度裏，按遊戲規則玩出好的成績，而取得認為是應有的回報。而在一個發展迅速的社會、經濟環境裏，他們玩這個遊戲時，就更加得心應手。

平和的階級關係

香港中產階級的冒升基本上是經濟發展所帶來的一個後果，為香港社會——其中尤其是對中產階級——提供了一個結構性的流動的機會（即經濟發展為社會創造了新的職位，由專業到經理、行政人員，而這些上層位置的擴充，令就算某些社會階級背景的人士在競爭過程中享有優勢，亦無阻出身寒微但努力奮鬥的人士成為中產）。

在六七十年代的香港社會裏，個人的努力固然重要，但同樣重要的是社會流動通常都是一種家庭策略，[11]整個家庭要想辦法動用各種資源（例如要求尚未完成學業的子女提早出外工作，或長女遲婚以繼續支持家庭經濟、供養弟妹[12]）來應付家庭開支和支持家庭成員提高學歷或嘗試創業。家庭所起的作用甚為重要。在成功的、快樂的社會流動故事背後，又並非真的是人人平等——很多「工廠女兒」的犧牲（如被迫放棄學業），成就了家中其他成員的上向流動。

11　關於不同的家庭策略與社會流動的關係，參考黃綺妮（2013）。

12　見Salaff（1976）。

　　個人如何努力，也需要大環境提供機會，才會出現二戰後香港社會的社會流動形態。表5.1及表5.2呈現出香港經濟以高速發展，並為社會結構帶來很多轉變。快速的工業化令產業工人成為了就業人口中的多數，到1971年他們在所有職業類別中超過了半數（52.3%）。而在六十年代末、七十年代初期，香港又逐漸發展為一個財經中心。這個經濟轉型的過程為香港人提供了新的流動機會。

表5.1：香港在1961－1991年間勞動人口按行業之分佈（%）

行業／年份	1961	1971	1981	1991
製造業	43.0	47.0	41.3	28.2
建造業	4.9	5.4	7.7	6.9
批發、零售及出入口業、酒樓及酒店業	14.4	16.2	19.2	22.5
運輸、倉庫及通訊業	7.3	7.4	7.5	9.8
金融、保險、地產及商業服務	1.6	2.7	4.8	10.6
社區服務、社會服務及個人服務業*	18.3	15.0	15.6	19.9
其他**	10.5	6.3	3.9	2.1

資料來源：Census and Statistics Department, *Hong Kong 1981 Census Main Report: Volume 1 Analysis* (Hong Kong: Government Printer, 1982), p.138; *Hong Kong 1991 Population Census: Main Report* (Hong Kong: Government Printer, 1993), p.95.

註：* 1961年及1971年人口普查所用之分類為「服務」
　　** 「其他」包括農業、漁業、礦業及未分類之類別

　　表5.3的統計數字更清楚地說明了快速的經濟發展如何為香港人——特別是戰後土生土長的年青新一代——創造了社會流動的機會。經濟轉型帶來了職業結構的轉變：在六十年代隨着經濟發展，

表5.2：香港在1961－1991年間職業結構之轉變（%）

職業／年份	1961	1971	1981	1991
專業、技術及有關之工作人員	5.1	5.2	6.0	8.7
行政及經理級工作人員	3.1	2.4	2.7	5.1
文員及有關之工作人員	5.8	8.3	12.2	18.6
銷售人員	13.7	10.6	10.3	11.5
服務業工作人員	15.1	14.8	15.6	18.7
農民及漁民	7.4	3.8	2.1	0.9
生產及有關之工作人員、運輸設備操作人員及雜務小工	48.7	52.3	50.4	36.2
軍人及未分類的類別	1.1	2.6	0.7	0.3

資料來源：Census and Statistics Department, *Hong Kong 1981 Census Main Report: Volume 1 Analysis* (Hong Kong: Government Printer, 1982), p.34; *Hong Kong 1991 Population Census: Main Tables* (Hong Kong: Government Printer, 1992), p.114

大量勞動人口可以在製造業當工人或在寫字樓當小白領，而到了七十年代，伴隨經濟繼續發展，專業、行政及管理人員的職位亦大量增加。快速的經濟發展為社會帶來了空缺，令很多人都有機會晉身社會梯階上較高層的位置。

當然，並非每個人都有能力成為中產專業、行政管理人員。同時，也並不是每個人都會以成為中產作為人生目標。一個快速發展的經濟結構不單提供了流動的機會，而且也給予各種背景與條件的人不同的職業選擇，各有方法改善自己的生活。

快速的經濟增長與發展，為中產階級的冒起提供了一個比較平

表5.3：1961－1991年間勞動人口按職業分類之增減

職業／年份	1961	1971	1981	1991	61-71（%）	71-81（%）
專業、技術及有關之工作人員	60,907	79,978	143,700	237,264	+31.3	+84.7
行政及經理級工作人員	36,629	37,588	64,106	139,148	+2.6	+70.6
文員及有關之工作人員	69,644	128,624	293,905	504,443	+84.7	+128.5
銷售人員	162,984	163,817	247,924	313,115	+0.5	+51.3
服務業工作人員	179,739	229,516	374,093	506,920	+27.7	+63.0
農民及漁民	87,581	59,442	50,676	24,877	-32.1	-14.8
生產及有關之工作人員、運輸設備操作人員及雜務小工	580,424	808,235	1,212,545	981,795	+39.3	+50.0
軍人及未分類的類別	13,191	39,724	17,118	7,541	+201.1	-56.9
總 計	1,191,099	1,546,924	2,404,067	2,715,103	+29.9	+55.4

資料來源：Census and Statistics Department, *Hong Kong 1981 Census Main Report: Volume 1 Analysis* (Hong Kong: Government Printer, 1982), p.138; *Hong Kong 1991 Population Census: Main Tables* (Hong Kong: Government Printer, 1992), p.114

和的社會環境，令他們在冒出頭來的過程中，沒有需要面對其他階級的敵視或嫉妒。事實上，我們甚至可以說，香港的中產階級是廣泛地受到各階級所接受的——甚至對未能在經濟發展過程中順勢爬上社會梯階，成功晉身中產的社會人士來說，他們亦很少會抗拒成為中產或對中產階級心存嫉妒。

一方面，這是客觀社會環境的影響。呼應前面提過黃偉邦引用「隧道效應」的討論，戰後香港經濟的高速增長往往可以令社會上

的大小矛盾淡化，使社會氣氛顯得比較溫和。另一方面，香港中產階級在其冒起的過程中，既沒有遇到（無論是英資、華資或者來自海外的跨國資本）資產階級的阻力（他們甚至積極利用這批專業、管理人員以協助其企業的運作），同時也沒有引來工人階級的不滿（事實上，能夠令子女晉身中產是不少工人的夢想）。

中產階級的冒升，是在一個相當和平的階級關係環境裏出現。這也就是說，無論在資本家還是工人階級的眼中，都沒有把中產階級的冒起看待為一種威脅。中產階級的出現及其代表的富裕生活，不是刺激社會不滿情緒的源頭，反之被視為所謂的「香港夢」（個人努力加上一點運氣，可以成功）的具體表現。

資本家樂於見到年青一代的中產專業、經理及行政人員冒出頭來；在資本家眼中，這一群年青中產者是推動他們的企業及香港經濟發展的生力軍，是他們招攬為中層管理、幹部的對象。在這樣的情況下，新興的中產階級並沒有需要通過動員或有組織的行動，來與建制的既得利益集團進行鬥爭，以爭取提升社會地位或確立身份的機會。在某個意義上，中產作為一個階級的流動經驗，基本上沒有遇到由上而下的阻力。與此同時，他們在這個階級上升的過程中，也沒有受到工人階級由下而上的壓力。簡單地說，香港的工人階級並沒有發展為一股有力的組織力量，他們的存在也沒有對中產階級構成一種威脅，令中產者要想辦法以集體或有組織的形式來保護自身的利益。事實上，在工人階級看來，中產者代表了上向社會流動的希望——憑着個人的努力（尤其是讀書考試），在香港可以有

出頭的機會。[13] 中產階級並不是工人階級所批判的對象或要拖下馬的階級敵人。從某個角度來看,我們甚至可以說,工人階級都想自己或子女有機會成為中產。

在中產階級方面來看,他們也不擔心社會上有其他階級或群體會對自己的利益造成威脅。「香港中產階級調查」曾問受訪者對以下兩種觀察有何意見:「我時常擔心可能會失去自己一直努力所得到的東西」、「有人時常想超越我」。在所有受訪者當中,約七成人均不認為這兩種情況與他們的處境相似。儘管不同階級位置的受訪者的答案並無顯著的分別,大概四分之三中產受訪者並不憂慮隨時會失去自己努力取得和擁有的東西,又約八成不擔心別人要爬過頭來。簡而言之,香港的中產階級並不覺得自己是受到威脅的一群。當然,這並不是說香港的中產沒有問題令他們擔憂、困擾。[14] 但問題的來源不是階級之間不友善的(或甚至是敵對的)關係,或階級之間堵塞流動機會或對抗的敵對表現。基本上,在戰後的社會環境裏,香港中產階級可以輕鬆地享受他們取得的物質生活和社會地位。他們引來的是羨慕的目光,而不是嫉妒。沒有一種有組織的力量要阻止他們抬頭,同時也沒有一種有組織的力量要拉中產下馬。

13　從另一個角度來看,香港的中產階級也沒有受到其他階級——例如舊中產——的反對或威脅而自覺以組織的形式來保護自身的利益。關於中產對其他階級的威脅的回應,見 Lebovics(1969)。

14　在八十年代,最困擾香港中產的問題是香港社會的不明朗政治前景和移民與否的決定。見 Lui(1999)。

意識形態：一切從個人出發

　　直接的説，香港的中產階級基本上相信個人——個人可以爭取機會及改變命運。但要更深入了解這一種觀念與態度，我們必須將它放在整個戰後香港本地文化與意識形態的環境裏來考慮。「香港社會流動調查」的資料顯示，一般被訪者都認為香港社會是容許個人憑努力而可以成功的，而發展的機會亦比較上一代為佳。這一種對香港社會所能夠提供的發展機會的評估，在不同階級的受訪者之間並沒有顯著的分別（Wong and Lui, 1992a；呂大樂、黃偉邦，1993：547）。或者可以這樣説，這種認為香港是一處充滿機會的地方的看法，基本上是深入社會的各個階層（Wong, 1991）。

　　可是，當我們嘗試將問題問得具體化，要求被訪者評估在香港社會的流動機會時，他們的答案便開始露出一種對階級差異的覺察力。當被訪者被問及「以香港來説，一個工人的子女與一個商界行政人員的子女比較起來，他們事業成功的機會其實沒有太大差別」，65%的被訪者表示不能同意這種説法。有趣的是，不同階級背景的被訪者均傾向於認為階級是會對個人的事業有所影響；就算是中產受訪者的回應，也沒有顯著的差異（呂大樂、黃偉邦，1993：547）。

　　事實上，這一種對階級差異的覺察是普遍存在的。同一個調查的資料顯示，接近七成（69%）的受訪者同意「階級之間一定會有衝突」的説法，而近九成（88.6%）的受訪者也同意「大工商機構與

財團在香港的影響力實在太大」。明顯地，在一般受訪者眼中，他們不單意識到階級之間的不平等的存在，而且還認為階級之間是存在衝突的。

很多人都認為香港人一般都缺乏階級意識和不會以階級作為一種界定個人身份的概念（Lau, 1982：98；Lau and Kuan, 1988：65－67）。但誠如我們在上一段所講，香港市民對於階級差異與不平等絕非視而不見。更值得注意的是，其實他們對階級認同並非如很多人所想像的模糊。「香港中產階級調查」的資料顯示，只有4%的中產背景的受訪者認為「他們並不屬於任何一個階級」。當他們嘗試界定自己的階級位置時，大部分選擇「中上階級」（17%）及「中產階級」（62%）。這也就是說，雖然階級這個概念在香港社會沒有像一些國家般滲透到日常生活的各個環節（如說話的口音或平常生活交往中的儀態），但這並不就表示香港人對階級既無概念，亦無意識。在貼近生活經驗的層面上，香港人完全意識到階級的差異與影響。可是，在戰後（尤其是七十年代以後）一片繁榮盛世的大環境底下，他們亦樂於擁抱那強調流動、機會與個人努力的意識形態。[15]

因此，真正值得追問的問題，不是一再糾纏於究竟香港人有

---

15 黃偉邦在分析「香港社會指標研究」的資料時已提出了這樣的見解——即被訪者在不同的生活範疇的問題上，其實是抱着頗不相同的態度。儘管大多數市民都擁抱「香港夢」——香港是一處充滿機會、可以憑個人努力而成功的地方，但與此同時，他們又認為社會上存在階級的差異、階級之間必然會有衝突，以及經濟和政治資源分配並不公平。這就是他所講的個人經驗與意識形態的分裂的狀況，見Wong（1992）。

無階級觀念與意識，而是他們是以怎樣的眼光、價值和信念來看待階級差異與不平等。這個問題涉及香港人的價值觀、信念系統與道德秩序。從這個角度出發，我們有興趣知道其實香港人是怎樣看公平、平等與競爭。更直接的說，我們感興趣的是香港人怎樣看資本主義——特別是香港式資本主義的社會制度。

在「香港中產階級調查」中，受訪者被問了一連串問題，都是有關他們對資本主義的社會制度的看法。這些問題關乎他們怎樣看資本主義的社會制度的不同方面。[16] 對公平、平等和競爭的看法，不同社會背景的受訪者基本上意見相當一致；約八成半（84%－87.9%）的受訪者都傾向認同公平是能者多得，平等是機會的平等而不是結果的平分，以及競爭有助社會進步。明顯地，受訪者都傾向於接受一個強調競爭——更準確應該是公平的競爭——和能者多得的社會環境。

這批受訪者再被問及他們認為在香港是什麼因素主要決定一個人的成就，62%的受訪者認為個人努力最重要，24.4%選家庭背

16　具體地說，訪問員會在受訪者面前出示答案卡，每張卡上面寫有一對句子，而受訪者看罷便要表示他們會傾向同意哪一種看法。受訪者可以選中間的答案，以表示他們對那兩種看法均沒有傾向。他們亦可選「兩者均不是」的答案，以表示他們的答案不在那兩種看法的範圍，另有不同的看法。關於公平的一對句子是：「一個公平的經濟制度是有能力的人能賺取高收入」，「一個公平的經濟制度是各人有平等的收入」；關於競爭的一對句子是：「在學業、工作或做生意，競爭可以帶來進步，人人得益」，「在學業、工作或做生意，競爭只會造成浪費或惡性競爭」；關於平等的一對句子是：「一個更好的社會是有平等的機會，給人有機會去改善生活」，「一個更好的社會是不計較個人的能力與教育背景，人人都可以有平等的收入」。

景，另11.5%選了運氣；不同階級背景的受訪者之間的答案並無顯著分別。他們又被問到是否同意他們在工作方面的成就和家人現有的生活享受，主要是靠自己努力所得來；他們的回應是十分一致的，有95.2%的受訪者表示同意。

簡而言之，香港中產階級基本上相信個人努力可以帶來成功。與此同時，他們亦接受以競爭來取得更高的社會地位；在他們眼中，公平不在於最後的結果（有能者可以取得更多報酬，這是可以接受的），[17] 而是在於競爭的機會和過程。有趣的是，香港的一般市民——尤其是中產階級——差不多完全接受了資本主義市場競爭的規範。也可以這樣說，在戰後（特別是七十年代以後）經濟快速增長及其帶動下社會結構不斷出現新的空缺的大環境底下，市民大眾對身邊周圍的社會經濟制度的安排的看法，基本上都很接近中產的思想與理念的框框。在一定程度上，我們可以說香港市民傾向於從一種中產的視野來看問題。至少，在經濟順境的情況下，他們確實如此。

一般市民如此看公平、平等和競爭，那麼憑學歷、工作經驗及通過勞動市場的競爭而取得較優厚的薪酬和僱傭條件，並晉身專業、管理及行政位置的中產階級人士，就更是內化了這種強調個人

17　「香港中產階級調查」中曾問及受訪者對中學與大學畢業生在收入上的差距有何意見，84.8%的受訪者認為大致上合理。不同階級背景的受訪者的答案並無顯著差別。

努力的意識形態。[18]

　　這種強調個人的取向，還有另一個方面。當「香港社會流動調查」的受訪者被問到「如果香港的僱員要改善生活條件時，他們應該團結一致，爭取共同利益，還是各自把握自己的發展機會？」時，近七成選了各自發展的答案（呂大樂、黃偉邦，1993：547）。這樣的回應反映出香港中產階級的特點：一是上文所談到的中產階級的個人取向；二是他們在解決身邊各種問題的資源是比較豐富的；這也就是說，他們較其他階級有可能以個人的方法和手段來面對與解決問題，經濟資源豐裕讓他們有條件通過市場來選擇一種解決問題的方法。[19] 他們對很多問題的回應，似乎都是傾向於先想個人能力範圍之內可以解決的方法。這種回應與處理問題手法的應用範圍，由宏觀的大環境變化以至直接影響日常生活的政策，都似乎

18　香港人相信憑個人努力可以爭取社會流動的機會的具體表現，是他們在工餘時間投入學習與進修的情況。有趣的是，在工餘時間進修者，並不限於某一階層。普遍在不同階層社會人士的心目中，工餘進修都被視為上進心的表現。可以想像，有些參加晚間進修課程的人除了想讀書之外，還可以藉此結交朋友。但這種視夜校為有益的工餘活動場地，並覺得上夜校是良好的個人形象的表現，相關的態度與心態是值得了解的。關於年青女工上夜校的描寫，見Salaff（1981）、蔡寶瓊（1998）。至於文員工餘進修的情況，見呂大樂、陳德榮（1987）。據政府統計處於1984年4月至6月期間通過「住戶綜合調查」所搜集得到的資料，年齡在十五歲以上的香港人口中，約有百分之四有參與非全日教育（part-time education）。在有參與非全日教育課程的人士當中，以從事服務行業的工作人員佔多數（62.1%）。但論參與率，則以文職人員最高（15.9%），即每六至七位文職人員之中，便有一人參加這些課程。而專業人員的參與率亦達10.1%（Census and Statistics Department, 1985）。

19　參考Wong and Lui（1992b）：受訪者被問到當他們遇到各種在身邊發生的問題時（包括沒有足夠金錢付買樓所需要的訂金、找工作遇到困難、在安排照顧家中孩子時遇到困難、及居住環境轉劣，如何是好），會選擇哪種方法應付，結果較多的中產受訪者會以市場的手段（例如向銀行貸款、聘請家庭傭工、搬屋）作回應。

包括在內。這也就是説,當香港的中產階級面對困難時,他們是先從個人本身,再而想到家庭或其他社會網絡,又或者通過市場機制來處理。中產階級之所以會踏出私人的空間,並將他們所面對的難題訴諸社會,是在上述種種應付問題的手段都失效之後才發生。當中產階級也走入公眾空間,不單議事論事,而且還加入集體的行動時,那將會是對社會響起警號。

秩序起了變化

九七回歸後,的確不只一次見到這樣的情況,當中以2003年7月1日的大遊行最為人觸目。[20] 社會、經濟、政治環境的轉變,不單影響到中產階級,也逐漸改變了階級與階級之間的關係,而社會氣氛也起了變化。

關於回歸以來香港社會所發生的轉變,可供討論的題目甚多,但大致上較為重要的有以下幾個方面:

• 經濟轉型帶來衝擊,對收入分配、社會流動的機會均有所影響。[21]

---

20 九七回歸後香港中產階級的處境、不滿和訴求,見呂大樂(2004)。

21 有趣的是參與討論的人士的背景及關注點不一,但都留意到收入分配不均加劇的現象,見任志剛(2003)、梁曉(2007)。

- 但具體而言，那些衝擊造成怎樣的後果，則意見並未一致。[22]我個人的觀察是至今香港仍未能形容為一個「下流社會」：經濟增長仍能創造流動的機會，令所謂社會流動已經停頓或流動形態逆轉的說法，難以套用到香港身上。中產階級亦未見有消失或減少的跡象。更準確的描述應該是，過去中產職位持續增長的情況再無保證，例如在發生亞洲金融風暴之後，經理人員的數目便曾經出現下降。在中產職位之中，增長速度較高的是輔助專業，即中產的增加更多是來自當中下層的位置。而所有中產位置加起來，其增長速度已經放緩，中產階級所佔比例未有顯著增長。[23]

- 而且我們必須注意，社會流動分析只是社會分析的其中一面。就算中產階級未有消失，也可以出現中產的待遇大不如前的情況。今天，除社會流動的問題之外，同樣引人關注的事情是：「就算做了中產又如何？」

- 談到階級關係，以往關係和諧，除了經濟快速發展帶來機會之外，還因為當時產業結構較為多元化，可為不同背景與條件的人士，開拓不同的流動途徑。現在，產業結構較為單一，學歷成為了重要的門檻，左右個人在社會階梯往上爬的機會。而當大部分人都在同一路徑上採取相似的流動策略時，便會造成社會擁擠的

22　一個頗受注意的題目，是究竟香港是否已經成為M型社會。有關的爭論，可參考 Census and Statistics Department（2007：168−174）、雷鼎鳴（2007）、葉兆輝、傅景華（2007）。

23　相關的實證研究與分析，見呂大樂（2008，2011b：26−28）。

效果，令人產生焦慮（呂大樂，2011a 及 2011b）。

- 與此同時，香港社會亦踏入了另一階段，開始出現階級固定化的問題。曾經何時由低下階層上升為中產階級的社會人士，他們開始想辦法保護自己的子女，免他們經歷下向社會流動，跌出中產階級的位置。這些保護策略令社會的開放程度下降，社會流動競賽不再完全是在相近的條件上進行（呂大樂，2011b）。基於階級差異而產生的障礙，影響到整個競賽如何進行。

以上所講的種種，都會影響到實際社會流動的狀況及個人的主觀感受。過去令人心平氣和的環境與條件已有所變化，整體氣氛隨之而改變，不叫人感到意外。

第六章

安居
樂業

當香港已全面轉型為一個「後工業」城市之後，

舊日發展新市鎮的一套策略，

早就不可能再發揮原有的效果。

面對未來城市發展的需要與方向，

香港社會需要積極探討另一條發展道路。

1 本文的另一個版本曾以〈調整思維：以目前新市鎮發展為例〉為題發表，文章收輯於
   《求變：下屆政府不能迴避的議題》(香港：新力量網絡，2012)。另本文所使用的地
   圖乃取自規劃處，得該處批准使用。又統計材料由香港特區政府統計處所提供。有關之
   分析及繪圖，則由李倩琳協助完成。特此致謝。

導　言

　　曾幾何時，很多香港人——尤其是那些居住在僭建木屋、天台屋、「板間房」、戰前舊樓的家庭——都期望早日「上樓」（即獲編配公屋單位），從此「有瓦遮頭」，獲一處可以令整個家庭安頓下來的住所，再無後顧之憂。但公共房屋政策的成功，又豈止於為有需要的家庭提供居住單位那麼簡單。大部分山邊木屋、天台屋、「板間房」、環境欠佳的舊樓都分佈於市區邊上，它們的居民雖然喜見公屋單位的設備較佳、租金相宜，但因多建於未開發之地區（如早年的觀塘和後來的屯門），位置偏遠，而感到交通不便。獲徙置「上樓」的住戶通常都成為了「開荒牛」，需要適應在設施簡陋的新社區裏過新的生活。有趣的是，在上世紀六七十年代，那個適應時期不會太長，不多久便捱得過去。這對大量收入不高的公屋住戶而言，這樣的一個遷徙過程改善了他們的生活環境，令他們覺得可以在新的社區裏安居樂業；他們當中不少屬移民背景，在找到安身之所後，對在香港生活亦有所改觀（呂大樂，1997）。六十至八十年代期間愈來愈多人以香港為家，跟他們很實在的能夠安頓下來不無關係。

　　但今天所見，昔日那套公屋—新市鎮的社區建設方程式，似乎已經失效。以前打造了安身之所，公屋居民有望成為小康之家，今

時今日卻要擔心社區變得悲情。我們有理由相信，若然整套城市發展策略不作出大幅度調整的話，未來的形勢仍然未敢樂觀。

三環緊扣：新市鎮、公屋、工業

在香港，「新市鎮」作為一個城市發展與規劃的概念，其實並沒有很具體的方針與內容。這樣說當然並非表示相關的建設及工程沒有任何目標可言（至少它有助於疏散市區人口，減低居住密度，提高生活質素。在這意義上，它的成績應予肯定。有關香港人口分佈的轉變，見表6.1；當中可見在六十至八十年代期間，香港人口進行了一次重要的內部遷移，由原來港島和九龍的市區分散到新界），而是它背後未有一套完整的理念或原則，作為推動發展及日後進行評估時所採用的準則。舉一個例，政府並沒有表明新市鎮有需要以做到自給自足（包括在區內為居民提供就業機會）為發展目標。[2] 這造成自八十年初，儘管個別新市鎮（當年感受最為強烈的

---

2 不過，話雖如此，拓展署就曾罕有的公開提及其「自給自足」和「均衡發展」的目標：「由於市區現時的高密度發展而引起的種種問題如基建及社區設施不足等等，均能迎刃而解，至少得以紓緩。香港的新市鎮規劃和發展，一直是以『自給自足』和『均衡發展』為目標。『自給自足』是指一個新市鎮在房屋、就業、教育、康樂及其他社區設施方面均能滿足其居民的基本需要，從而減輕其對舊市區中心的依賴；『均衡發展』則指所建立的社區應該是一個由具備各種社會經濟背景和技能人士構成的和諧社會。自給自足程度高，則居民前往其他新市鎮及市區的需要便相應減少。一般而言，調查結果顯示新市鎮的自給自足程度日漸提高，特別是發展正趨成熟和提供越來越多商店、學校、其他設施及就業機會的新市鎮。」（香港政府拓展署，1993：13）但我們都知道，後來香港政府對以上兩大目標就隻字不提了。

表6.1：1961至2006年間香港人口的地區分佈（百分率）

地區／年份	1961	1971	1981	1991	2001	2006
香港島	32.1	25.2	23.7	22.0	19.9	18.5
九龍	50.4	55.8	49.1	35.8	30.2	29.4
新界	13.1	16.9	26.2	41.9	49.8	52.1
水上人口	4.4	2.1	1.0	0.3	0.1	0.0
全港（百萬）	3.13	3.94	4.99	5.67	6.71	6.86

資料來源：人口統計報告，多年。

社區是屯門）已逐步因區內大量居民有到區外工作的需要，而感到交通服務不足時，有關機構卻從沒有深究潛在的種種問題（及其長遠的政策含意），並且嘗試尋求回應的方法。當時政府很簡單的以香港地方細小，沒有必要將每一個社區都發展為自給自足為理由，便把問題撥開，再無認真思考現象背後所存在的矛盾。今天，事後看來，這個當時看似並不嚴重的問題，其實涉及整體城市發展的思維。現在擺在眼前的一大難題是，當香港經濟轉型為一個以服務業為主的城市經濟體時，原來以借工業化之力（同時包括製造業由市區向外遷移的過程）來拓展市郊的發展模式，愈來愈顯得格格不入。關於這一點，我們稍後再談。

　　當然，新市鎮在發展途中出現問題（例如在發展初期，公共設施未能追上人口增長而嚴重不足），是一直以來都有的現象。早在發展「彗星城市」觀塘的時候，由於重點放在工業建設的方面，便出現前面所說公共設施落後於人口增長的問題（Bristow, 1989：56－57）。但快速的人口增長引發市場產生作用，各種服務很快便隨

後而來，令問題的壓力有所舒緩。而後來發展其他新市鎮時，亦有相似的問題。但在舊日的社會經濟環境底下，問題大致上可以通過加快發展步伐而處理過來。

香港推動新市鎮發展的一項特點，是政府能有效地於短時間之內將大量人口遷徙到這些新近興建的城鎮。背後的主要原因是，香港政府是通過興建公共房屋來發展新市鎮。「新市鎮的早期發展，是以公屋為主，以便促進房屋計劃的推行……。」（香港政府拓展署，1993：13）當時港英政府既要為大規模發展的公屋計劃尋找可供建屋的土地與空間，與此同時，它亦要想辦法吸引市民離開市中心，再而遷移到尚待開發的新市鎮。面對這兩方面的需要，公屋房屋成為了政府能夠有效運用的工具（見表6.2）。而介乎新市鎮與公屋之間，還有另一重要的因素：「新市鎮發展計劃不但由於人口遷離而減輕市區的擠迫程度，而且有助於把工業分散各地。這對勞動密集和資本密集的工業及佔地甚廣和要在地面運作的工廠來説，尤其重要。」（香港政府拓展署，1993：13）這也就是説，發展新市鎮能為香港工業提供相對廉宜的空間。同樣重要的是，那些遷離市區的工廠又不會因此而難以招聘工人；居住在公屋的居民就是區內的勞動供應。

新市鎮、公屋與工業三者之間的互動，構成了一種快速推動市郊發展的動力，既可舒緩市區人口密度，改善居民的生活環境，又可為製造業提供發展空間，那真的可以説是一套兩全其美的方法。梁煒彤（Leung, 1972：195）於六十年代末在荃灣所做的調查研究，

表6.2：上世紀八十年代香港新市鎮的特徵

	荃灣	屯門	沙田	元朗	粉嶺／上水	大埔	將軍澳（第一期）	天水圍
定名年份	1960	1965	1965	1978	1979	1979	1980	1982
原來人口（約數）	80,000	20,000	25,000	37,000	43,000	35,000	13,000	--
1981年出租公屋人口（%）	71.7	75.9	54.6	25.0	11.9	32.5	--	--
1981年居屋人口（%）	0.2	--	12.6	--	--	--	--	--
1985年出租公屋人口（%）	63.9	66.2	62.7	27.1	43.3	45.4	61.9	--
1981年居屋人口（%）	1.2	15.2	11.0	--	9.0	9.8	--	--

資料來源：Leung（1986：270）

顯示該區的社會結構並不均衡，其人口年青力壯，住戶人數偏高，反映出它乃屬於移民背景。由於區內之經濟活動以製造業為主，居民中集中了一批半技術及技術工人，這不難理解。而基於該新市鎮的房屋類型，區內有相當高比例的居民屬低下層人士。從規劃一個新區的角度來看，上述狀況或者會略嫌未如理想。可是，在現實之中，這個並不均衡的社區格局，卻有助居民在區內過着相當高程度的自給自足的生活。據梁煒彤本身所做的調查，約三分之二的受僱被訪者於荃灣、葵涌工作。而她整理1966年人口普查的統計，則發覺於區內工作的人士超過八成。從六十年代末的荃灣看來，期望新市鎮可以達到一定水平的自給自足，並不見得是天方夜譚。

　　這是以公屋為主導，配合製造業發展的新市鎮策略的微妙之處。製造業在新市鎮的發展過程中能起兩種作用。一是上面所提到，為在該區居住的居民提供就業機會，二是帶動人流，引進其他經濟活動。關於前者，社區與產業之間其實並無任何協調；政府也沒有就特定產業的需要，而故意在安排遷徙中做些什麼工夫。反過來說，它亦沒有為了遷就居民的背景，而刻意挑選某類產業到指定的新市鎮。當年之所以製造業與社區大致上都能夠互相適應與配合，也並非因為存在自由的勞動市場，所以自然地產生供與求之間的配合，而是本地製造業均以處理加工的程序為主，工種多屬半技術的種類。它們所需要的是大量半技術的工人。雖然這不等於說廠家對工人的基本技術（例如：電子廠的車間工人不能輕易轉為車衣工人）、熟練程度全無要求，但大致上在人手配對方面，並未有太大困難。當大量勞工搬遷到新市鎮時，工廠可嘗試從中找到勞動力，而那些居民亦可在區內找到就業機會。這種毋須刻意安排配對，而又可以協調供求的情況，後來因各種原因便無法維持下去了。

　　至於後者，則隨着工廠數目增加，除為區內居民製造就業機會之外，亦吸引區外勞工前來打工。重要的是，工廠區的出現令大量工人集中，造成人流，同時也產生各種需求。簡單如午餐的安排，便「催生大批提供廉價午餐的大排檔在工廠區內順勢而立」（莊玉惜，2011：115）。在大牌檔以外，還有工廠內的工友食堂。在公共交通汽車站附近，往往會成為無牌小販、小商戶聚集的地點。各種服務因有需求而陸續出現，這對新市鎮區內的發展亦注入了新的動

力，逐漸可滿足居民的（至少是部分）需要。

　　新市鎮的發展是由人口帶動的，那麼誰會願意當「先頭部隊」，老早由市區遷移到市郊，要在尚未完全開發的社區裏捱上好幾年？答案是：當社會上存在大量市民渴望「上樓」，對公共房屋需求甚大的時候，那自然不是一個問題。在公屋房屋政策的安排之下，香港經歷了一次又一次由政府主導，而同時是甚有效率的城市化過程（Sit, 1982）。一方面，這是政府以公共房屋為推動新市鎮的手段；另一方面，則由於房屋短缺，需求龐大，促使一種「並非完全自願的遷徙過程」的出現（Yeh, 1987：60）。渴望改善居住環境的家庭成為了開拓新市鎮的「開荒牛」。[3] 不過，由於當時經濟高速發展，而城市化的步伐亦甚為快速，當「開荒牛」的住戶所面對的種種困難，都看似是過渡性質，不需要等待太久便得到舒緩、改善。對很多經歷過在木屋區、安置區、舊式徙置區、設備簡陋的舊樓或板間房等居住環境的普羅家庭而言，能遷入位於新市鎮的新建公共房屋，確實能夠大大改善居住及生活的環境。

3　港英殖民政府興建公屋，解決市民的居住問題是它的一大政績。但在五十至八十年代的時候，它的政策有其運作邏輯。首先，安置區及公屋的選址都會在一些機會成本較低的地方，所以通常都是在當時界定為短期內未納入發展的地點。後來很多公屋成為了市區的一部分，那主要是因為城市化的步伐實在快速，而並非原來的意思。第二，早期政府的政策是並不鼓勵市民搭建非法木屋，因此在設計安置區（作為木屋居民逐步「上樓」的第一站），甚至早期的公屋時，均不會刻意照顧市民的需要；社區及建築物的條件太好的話，便會變為一種誘因，令人憑居住在僭建房屋來換取政府資源。於是，早期的公屋除因建造成本的考慮之外，還有以上因素而只提供合符最低要求的居住單位。後來到了七十年代，則逐漸受到壓力，因應國際的標準而改善安置區及公屋的生活條件。今天事後看來，當年那些政策肯定不是以人為本，但卻有一套清晰的運作邏輯。對很多市民來說，搬遷到新市鎮便要做「開荒牛」，可謂早有心理準備。

問題逐漸浮現

可是，到了七十年末、八十年代初，問題逐漸浮現。葉嘉安（Yeh, 1985；1987）指出，當時的問題包括以下兩種：一是儘管好些工廠已遷入新市鎮，為區內居民提供就業機會，但基於各種原因（例如工資水平的差異，又或者工作的不同種類），區內有一定數目的居民選擇到區外工作。同時，也有一定數量的工人會從區外到來工作。如此這般，一來一回，交通需要較原先預期的為多，而公共交通系統及服務便因此出現了不足或未能配合（例如在個別新市鎮，就曾出現外出到市區較諸在區內內部流通更為方便的現象）的情況，成為當時新市鎮（例如屯門）發展的一個重要的和引起社會關注的議題。二是新市鎮發展有助於人口從市中心向外疏散，可是卻不是每一種行業都會有相似的分佈形態。如他所言，「在眾多經濟活動之中，製造業的就業情況較其他行業分散，情形跟人口之外散最為接近，這以1981年的狀態最為明顯。寫字樓活動則是最為集中的經濟活動，它有最低的劃一距離。在1976至1981年間，除了批發及零售之外，總的趨勢是就業的地理位置是向外擴散。」（Yeh, 1985：71）這就是說，個別行業有其本身地理空間定位的邏輯，而不會跟隨居住人口的流向而移動。批發、零售及一般寫字樓的工作就有這樣的特點，它們主要還是聚集於市中心的商業區。當年討論這個議題時，相關的研究同時也指出了一個更重要和影響深遠的現象——當人口隨新市鎮而向北移的時候，在各種經濟活動之中，主要是製造業較為顯著的朝西北方向擴散，可是第三產業活動則大致上仍然留在市區中心之內。可以想像，當新市鎮的勞動人口結構逐

漸出現變化（例如教育水平提升），愈來愈多選擇製造業以外的工作時，日後來往市區的交通需求將會逐步增加。當時葉嘉安已經認為，未來發展將會進一步擴大工作地點與居住地點的距離（Yeh, 1985：80）。

八十年代中期的關注點在於交通需求的增加，擔心公共交通的基礎建設及服務之提供未能追上新市鎮的發展步伐（例如嚴重低估了居民到區外上班及區外人士到新市鎮工作的交通需要及因此而引起的交通流量）。當年從交通需要的角度來了解新市鎮發展所潛在的問題，其實可以理解為一種預先的警告。問題已經浮現，而日後經濟結構出現轉型的時候，矛盾只會進一步深化。政府在那個時候強調香港地方細小，要求打造一些自給自足的新市鎮，不切實際。這樣對發展趨勢及相關政策的定調，便即時將所有問題掃入地氈底下，以為只要改善交通系統的基礎建設，情況便會改善。現在事後看來，那種判斷忽視了重要的宏觀社會發展的趨勢。我說當年的研究已提出了預先的警告，因為它的內容早已暗示，在交通需求的表面現象背後，更值得深究的問題是香港社會的產業空間佈局與居住人口分佈之間的矛盾。在八十年代中、後期發生本地製造業的工廠數目及就業人數逐年遞減之後，這個問題肯定日後只會變得更為嚴重，影響更為廣泛，而不會因有公共交通系統的建設而得以解決。不過，由於當時只是將問題視為一個新市鎮有無需要達至自給自足的議題，便不再嘗試探討更深層的矛盾，甚至到了今天仍未能對問題對準焦點。必須明白，當時香港的製造業尚未開始大規模北移，所以相關的討論和分析還未能預見，在下一個十年、二十年將會出

現製造業的重構，而整個經濟以極高速度進行轉型（具體表現就是製造業生產環節的空洞化），以至經濟結構與就業形態均出現了重大變化，並且對發展新市鎮的策略造成衝擊。

後工業狀態下的新市鎮

我在前面已經指出：香港在戰後推動彗星城市、新市鎮發展，一直依靠兩大手段。一是以公屋房屋作為政策工具，憑大規模「非完全自願的遷徙」的方式來保證新興市鎮於短期之內——至少在人口增長方面——發展起來，帶動區內其他方面的發展。在1976至2001年間，新市鎮人口由60多萬人上升至290多萬，當中64.6%的人口增長來自於公屋房屋人口的增加（Yeh, 2003：91）。大型公屋計劃是發展新市鎮的一個重要組成部分。

二是新市鎮發展與工業化相互配合，即製造業為新市鎮及附近地區的居民提供就業機會，而同時它們的人口增長又為廠商提供勞動力，成為吸引他們搬廠到新發展地區的一個原因。今天，當香港社會轉型成為了一個「後工業城市」之後，舊日新市鎮的發展模式便難以繼續發揮其原來的效果，問題亦隨之而浮現。

表6.3簡單總結了香港經濟結構的變化及就業人口在行業分佈上的轉變。當中所見，明顯地香港早已不再是舊日亞太地區的製造業生產基地（到了2006年於製造業內工作的，只佔工作人口9.7%，

表6.3：1976至2011年間工作人口按行業的分佈（百分率）

行業／年份	1976	1986	1996	2006	2011
製造業	44.8	35.8	18.9	9.7	4.0
建造業	5.6	6.2	8.1	6.8	7.8
批發、零售、進出口貿易、飲食及酒店業	19.5	22.3	24.9	27.2	30.6
運輸、倉庫及通訊業	7.4	8.0	10.9	11.6	12.2
金融、保險、地產及商業服務業	3.4	6.4	13.4	17.0	19.2
地區、社會及個人服務	15.4	18.4	22.3	26.9	25.5
其他	3.9	2.9	1.5	0.8	0.8

資料來源：人口統計報告，多年。

之後更進一步下降，到2011年已低至4.0%。我們亦有需要留意，自九十年代中以後，很多在製造業工作的人員，他們並非擔當生產線上操作員的工作），而是已經轉型為一個「後工業城市」。作為一個「後工業城市」，它的主要經濟活動都屬於第三產業。這裏相關的問題並不僅限於產業替代及勞動市場調整的方面，而是對原來發展新市鎮及背後對城市化的理解帶來了新的衝擊。

正如前文所一再強調，過去新市鎮的發展過程，包含了製造業同時也遷到市中心區以外的地點的一個環節。雖然這並不能保證廠家就可以在地招聘人手，又或者於另一方面，當地居民可以於區內找到工作，但這起碼有助於在新市鎮之內注入較具規模的經濟活動，帶來人流。當新市鎮發展不再附帶類似的經濟活動的移動時，社區的發展形態隨之而亦有所轉變。

　　為了簡單說明現時香港的情況，我們運用政府統計處的人口普查數據進行了分析，嘗試了解本地人口在居住與工作的地點。我們所做的分析是點出不同活動的加權均值中心點（the location of weighted mean centres），以顯示居住與工作地點在空間上的移動。以加權均值居住中心點為例，計算方法是先將每個區議會選區（共十八區）的中心點的座標與在該區居住的人口相乘，然後把各區的計算結果相加，再除以十八區的總居住人口，得出一個座標的平均值。而加權均值工作中心點的計算方法則與上述的大致相同，只要將居住的人口換成工作人口便可（參考自Smith, 1975）。這是一種略嫌粗略的地理空間的分析，但總能給我們對不同活動的位置的變化有一個基本的了解。[4]

　　以下所列出的多幅圖形，旨在示意在1996－2006年間，一般市民在居住及工作地點所面對的宏觀轉變。舉例：全港工作人口的加權均值居住中心點於1996－2006年間向北移0.64公里（見圖6.1），反映出一般港人的居住地繼續隨新市鎮發展而向外分散，但到了2001年後，其移動方向已由向北轉為向西北，而在該段時間內，中心點只是略為移動了0.16公里。

　　但當我們觀察香港的工作人口的工作地點時，則發覺在1996－2006年間，除早期（即1996－2001年）的轉向為西北的方向外，

4　我們參考了葉嘉安（Yeh, 1985, 1987）對新市鎮發展的分析，同時也參考Smith（1975）的研究方法進行分析。

圖6.1：1996－2006年間香港工作人口的加權均值居住中心點

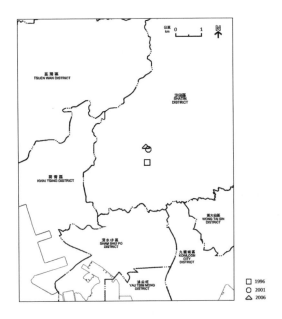

圖6.2：1996－2006年間香港工作人口的加權均值工作中心點

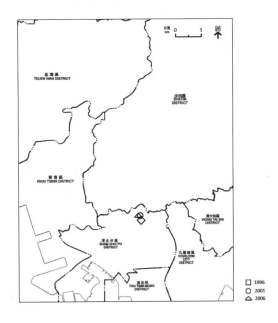

一般人的工作地點是向西移動，而在2001年之後更是轉為向西南稍為移動了0.08公里。更重要的是，比較圖6.1與圖6.2，不難發覺工作人口的加權均值工作中心點較居住的中心點處於較南（亦即是更近市中心的位置）。前者的位置大概是深水埗區的北方，而後者則是沙田區的西南方。當然，以上所講的兩個加權均值中心點，皆在粗略以地理空間位置的方式示意一般有參與經濟活動的香港人在居住及工作的位置，讓我們了解到他們於居住方面已從市中心向外分散，而工作的位置則似乎卻未能跟上居住的遷移，未有明顯地走向市郊。

以上所講，是描述一般在港的工作人口的情況。為了更深入地了解相關的問題，我們應考慮到行業的差異。之前我們曾談及香港已轉變為一個「後工業城市」，其經濟結構以第三產業為主。就此我們會想進一步了解於高端與低端服務業工作的社會人士，他們的居住及工作地點是否有異於一般工作人口。

圖6.3及圖6.4分別交代了從事金融、保險及商業服務人士在居住及工作的加權均值中心點。在居住方面，他們的情況大致上跟一般港人相似，逐漸離開市中心。將圖6.3跟圖6.1比較，兩圖所顯示的移動趨勢大致相同，但相比之下，從事金融、保險及商業服務人士的居住地點較一般工作人口略為偏南，這也就是說他們所住地點較近市中心。

而當我們看到圖6.4時，行業之間的差異就更為明顯。從事金

圖6.3：1996－2006年間從事金融、保險及商業服務人士的加權均值
居住中心點

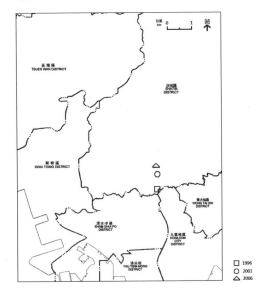

圖6.4：1996－2006年間從事金融、保險及商業服務人士的加權均值
工作中心點

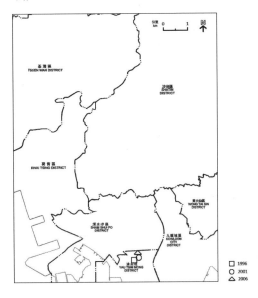

融、保險及商業服務人士的加權均值工作中心點較一般工作人口的
更接近市中心。如果一般工作人口的加權均值工作中心點是位於深
水埗區（見圖6.2），在金融、保險及商業服務業內工作的，則是處
於油尖旺區（見圖6.4）。金融、保險及商業服務較其他行業更不傾
向於離開市區的商業中心，它們的核心活動依然集中於市中心之
內。

可以想像，很多人會同意，金融及商業服務高度集中，不容易
由市中心向外擴散。但他們或者會問：中、低端的服務業於空間地
理分佈上，可有較高度的彈性或流動性？為了回應這類提問，我們
選取了批發、零售、出入口、餐廳及酒店業來跟金融及商業服務作
比較（見圖6.5及圖6.6）。可能由於上述分類所涵蓋的行業較為廣
泛，混合了多種服務活動（例如出入口貿易便跟零售業的性質及所
僱用的員工便頗為不同），從事這些行業的社會人士在居住及工作
地點上，大致上跟一般工作人口相似。

如果從行業的角度來分析了解相關的問題有其限制，或者我們
可以改為從職業入手，看看是否不同職業群體會受到居住與工作地
點不協調的問題所困擾。

圖6.7至圖6.10分別交代了專業人員及經理與管理人員在居住
與工作方面的加權均值中心點的位置。從分佈及移動的趨勢來看，
他們跟其他工作人口有相似的地方——在居住方面，他們的加權均
值中心點亦是逐年北移，代表其居所亦逐漸遷離市中心。不過話雖

圖6.5：1996－2006年間從事批發、零售、出入口、餐廳及酒店業
　　　人士的加權均值居住中心點

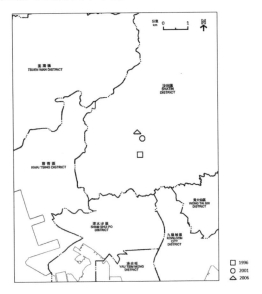

圖6.6：1996－2006年間從事批發、零售、出入口、餐廳及酒店業
　　　人士的加權均值工作中心點

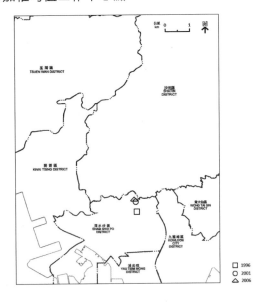

圖6.7：1996－2006年間專業人員的加權均值居住中心點

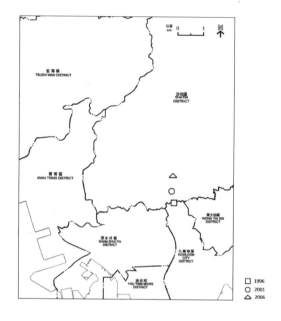

圖6.8：1996－2006年間專業人員的加權均值工作中心點

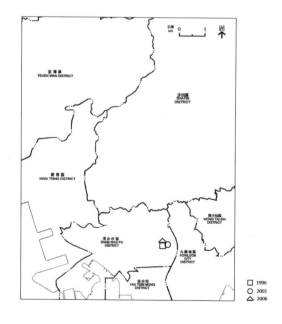

圖6.9：1996－2006年間經理及管理人員的加權均值居住中心點

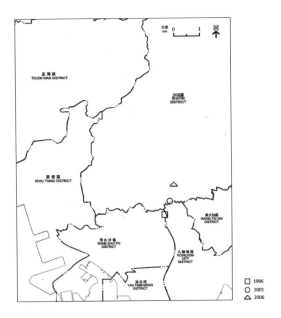

圖6.10：1996－2006年間經理及管理人員的加權均值工作中心點

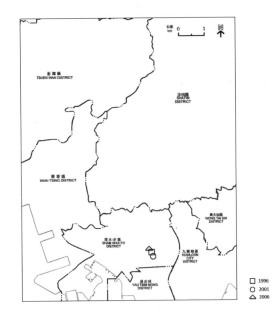

如此，跟其他職業群比較，他們已是最有條件留在市區生活的一群，而這多少反映出他們的經濟能力，能負擔市中心或附近地區的昂貴房價或租金。更重要的是，他們的加權均值工作中心點並未有明顯移動。專業及管理人員的工作地點似乎不怎樣受到經濟活動於地理空間分佈調整的影響，重心仍舊在於市中心及附近地區。

至於從事服務業中較為低層職位的工作人員，如服務及銷售人員（見圖6.11及6.12），雖則其加權均值工作中心點較一般工作人口的略為靠北一點，顯示似乎受到新市鎮發展的影響，一些服務業亦隨着人口的擴散而到那些地區開業，以至跟服務及銷售相關的工種亦有外向移動的動向（1996－2001年間是向西移動，但到了2001－2006年則轉為略向東方調整，沒有進一步離開市中心的跡象），可是整體而言其遷移的步伐亦跟不上居住人口的外移趨勢。

更值得我們注意的是，非技術工人的工種在1996－2001年間有過一陣顯著朝西北方向移動之後（見圖6.14），在2001－2006年間卻未有進一步向外擴散，而是反過來朝西南方向輕微移動。這既跟非技術工人在居住位置上的移動不一致（見圖6.13），同時也提醒我們重要的一點：一個以第三產業為主的經濟體跟製造業主導的經濟環境不一樣，後者出現廠戶離開市區的時候，能為市郊地區的居民——不論學歷或技術水平——提供就業機會，可是前者所提供工種卻往往仍停留在市區之內。服務業的高端工種跟低端工種一樣，都傾向於集中於市區，就算略有向外分散的動向，步伐也頗為緩慢。這是很多當代城市——尤其是所謂的全球城市——的一項特色：作

圖6.11：1996－2006年間服務及銷售人口的加權均值居住中心點

圖6.12：1996－2006年間服務及銷售人員的加權均值工作中心點

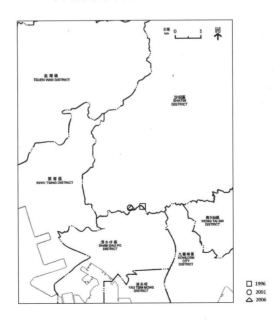

圖6.13：1996－2006年間非技術工人的加權均值居住中心點

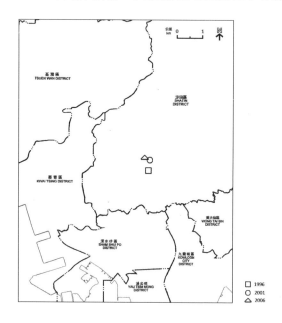

圖6.14：1996－2006年間非技術工人的加權均值工作中心點

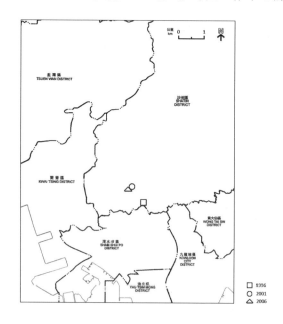

為財經金融、商業服務、專業服務集中地的市中心，同時也是勞動密集的服務業（例如飲食業）的核心地區。高收入人士的日常生活及消費活動（由餐廳、飯館到超級市場、便利店），往往是由低收入的服務員所提供。這一種高端服務業與低端服務業共存的形態，影響到好些低技術、低收入的工種，集中在市中心區之內。

相對於服務及銷售人員和非技術工人的情況，文員的工作地點反而有穩定地向外移動的趨勢（見圖6.16），這相信跟這類工作部分屬於後勤性質有關。不過，其遷移的步伐仍然落後於文員在居住地點方面的情況（見圖6.15）。

以上討論旨在說明三點：一是自從香港的製造業北移，整個經濟結構以第三產業為主導之後，新市鎮發展在人口遷移、建造新社區和引入經濟活動三方面相互配合，便再無過往般順暢。這跟第二點有關，這就是在推動新市鎮發展的時候，無論通過興建大型公共房屋計劃或者帶動私人樓宇的發展，造成大量人口遷入市郊的新興城鎮，當中人口遷移的步伐明顯地較經濟活動的疏散為快。而這連繫到我們試圖深入分析的問題，即服務業及相關的工作——無論是高端如專業人員及經理，又或者低端如服務及銷售人員和非技術工人——似乎表現出一種集中於市區的傾向，其移離市中心（也即順應居住人口集中於新市鎮）的動向相當緩慢。同樣值得注意的是，不單只職位較高的工作長期留在市區之中，就連低端的工種亦不見得會較易遷離市中心。從這第三點所談到的問題，我們又回來本段所提及的第一個問題，這就是「後工業」狀態令新市鎮在引入經濟

圖6.15：1996－2006年間文員的加權均值居住中心點

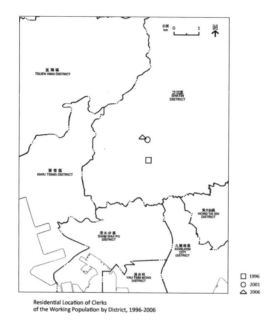

Residential Location of Clerks
of the Working Population by District, 1996-2006

圖6.16：1996－2006年間文員的加權均值工作中心點

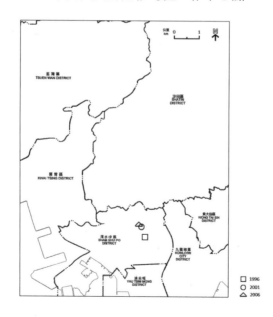

活動和為居民提供就業機會，顯得更為困難。以上所講的，已不再是政策配套滯後，又或者問題只屬於過渡性質，再過一段時間之後難題便可解決；它們是結構性的矛盾，而我們需要正視問題所在，從更根本方面入手。

重大的政策與政府角色調整

簡單一句：當香港已全面轉型為一個「後工業」城市之後，舊日發展新市鎮的一套策略，早就不可能再發揮原有的效果。面對未來城市發展的需要與方向，香港社會需要積極探討另一條（又或者多條）發展道路。

年前林鄭月娥女士（當時為特區政府發展局局長）曾嘗試回應有關的問題，表示政府未來將會由過去以高密度發展的新市鎮，改為以「新發展區」的概念來拓展重視平衡和規模較細的新社區。這些「新發展區」將會調整公屋與私樓的比例，能為區內提供就業機會，盡可能做到就業與居住有所協調，達至自給自足的效果（《明報》，2011年11月10日）。

換屆之後，特區政府在新界東北發展的問題上遇到強烈的反抗，將來以什麼理念和標準來進行規劃，存在新的變數。但就以當年所提出的政策調整來作討論，表面上會令人有種從善如流的感覺，使人覺得特區政府終於願意將自給自足加入作為它發展新市區

的一個重要考慮。與此同時，這也好像反映出特區政府開始有一種新的問題意識，一改以前不會為政府施政設下一些社會目標的習慣，似乎較為願意回應社會上的聲音與訴求。可是，當我細心想想，這種新的說法其實有它的問題。最為明顯的一點是，能否做到就業與居住有所協調，關鍵不在於將來發展的新社區的規模大小，而是究竟該區將來會有哪些經濟活動？而它們將能夠為哪一類背景的人士提供就業？將發展規模縮小的做法，或可因為人口減少而減輕對就業需求的壓力，但這並不保證區內人口的就業特色跟地方的經濟及職業結構相互配合。居住與就業有所協調，需要較林鄭月娥想像中大得多的投入與政策調整，方能見效。如果特區政府不認真研究香港經濟活動的空間佈局，將來的「新發展區」亦一樣有可能——而且是極之有可能——出現區內大量居民需要到區外工作；就算縮小發展規模，調整公屋與私樓的比例，亦無補於事。

所以，從另一個角度來看，特區政府看來還未有好好總結過去的經驗，同時亦沒有正視好些學術研究所指出的問題（參考Hui and Yu, 2009；Lau, 2010）。居民的交通需要，以及他們在居住與工作方面所面對失衡的狀態等，是深層問題的表徵。本文的主要目的，正在於嘗試指出在種種表徵底下，是更宏觀的城市發展的問題。

我一再強調，在目前香港所處的「後工業」環境裏，大量服務業的活動及職位都留在市中心的主要商業區之內。它們並不傾向於地理空間分佈上走向分散到市外各區的發展，而是高度集中於市區之內。服務業的發展邏輯有異於製造業，它們並不像後者般因為

需要空間，而迅速回應一些政府政策（例如在新市鎮開拓新的工業用地），並由市區往郊區疏散。服務業要充分利用地理環境的外在優勢，高端活動集中於商業中心，而低端活動則需要針對市場，親近人流頻繁的地點。它們向外遷移的步伐，明顯地跟居住人口的疏散有所不同。這也就是說，在「後工業」的經濟環境下，如果特區政府繼續將大量市民按類似舊日發展新市鎮的形式搬遷到「新發展區」居住，則只會加深居住與就業未能協調的矛盾。這裏所涉及的問題並不僅限於交通需要方面，而且關乎到如何為「新發展區」注入——經濟的、人流方面的、不同類型的活動方面的——活力，令它們有機會達至較為平衡的發展狀態。

今天，特區政府在思考城市化及市鎮發展問題上，其實需要想得更大、更為宏觀，而不是縮小規模，以為少做一點可以減少問題。過去從來沒有從宏觀社會發展趨勢去思考問題，是造成因循保守、未能預早回應問題的主因。跨區工作的交通津貼是權宜之計，根本沒有回應問題。提出自給自足的「新發展區」的想法，也顯得特區政府尚未真正進入問題，了解矛盾何在。要扭轉局面，必須明白香港作為一個「後工業城市」的特質，不再永遠抱着舊日的政策思維與工具不放，而是應該完全改變施政模式，認真考慮在未來十年、二十年，如何由一種新的視野出發，來打造新城！

這裏相關的問題涉及不同層面。首先，是政府角色與工作範圍的釐定。過去政府一直沒有正視它在影響城市化的角色（例如它的公屋政策便是有巨大影響力的政策工具），一直自視為「積極不

干預」，其實是有點自欺欺人。繼續以為政府毋須為社會經濟發展定向，而假設規劃工作只不過是對市場所推動的發展的回應，顯然已無法再面對當前社會的需要和要求了。特區政府必須認真了解香港作為一個「後工業城市」的特點，並在這個基礎之上去重新思考城市規劃、地區發展與整體社會經濟發展的配合。這本身就是一項甚有挑戰性的政治工程。但很難想像特區政府可以繞過這個政治課題，而可以正面處理規劃與發展的問題。

第二，隨着政府角色的調整，特區政府必須更全面的檢視規劃工作的部署。當前在規劃上的種種問題，並非只局限於新市鎮發展、工作與居住地點不協調、交通需求等方面。有關社會福利服務的規劃與安排，同樣是擺在眼前必須正視的課題（香港社會服務聯會，2011）。如何重新將城市規劃跟政府各方面的政策與服務緊密地扣連起來，是十分重要的急務。

第三，跟第二點關係密切的是，究竟特區政府憑着什麼理念與原則來進行規劃，這是同樣重要的課題。過去政府一直嘗試將問題去政治化，將它理解為純粹行政管理的事情，但當殖民政府結束之後，便再無條件以這種方式運作下去。到了今時今日，特區政府其實不可能再迴避資源分配的課題。每一種規劃的方法不能避免會對不同的社會階層有着顯著不同的含義，如何回應他們的需要，如何界定優先次序，這些都是政治問題，而不可能純粹以行政管理的手段來解決。何謂合理的居住與工作的協調？何謂合理的社區建設？何謂能夠回應市民期望的城市建設？應該以經濟效益為前提，還是

需要人性化的社區營造？這裏涉及價值判斷，而非單純可以行政管理的邏輯來處理。我們在尋找操作層面上的處理方法之前，需要對施政的基本問題，有更深刻的反思。

以上各點都指向一個重大課題──究竟香港社會如何理解整個空間佈局，並為市民提供一個合理的生活環境，這是一個不能以回到過去的方法而找到答案的問題。

第七章

還是在
過去的框框裏
打轉

困在這個框框裏面的香港社會如何走出困局，

不可能依靠一些微觀的調整而可以有所突破。

但要以大動作來走出困局，

又缺乏一個支點或

一位所謂的「轉變啟動者」來打開新的局面。

在這樣的情況下，

短期之內相信亦難有什麼突破了。

1　本文部分內容曾以下幾個方式發表：〈這麼近，那麼遠：機會結構之轉變與期望的落
　　差〉，《港澳研究》（2013）1：67－75；〈一個有邊界的全球城市：九七後轉變中
　　的香港處境〉，於「中國發展新階段：港澳定位與角色」國際研討會上的主題演講論文
　　（2013年11月15－17日，廣州中山大學）。

導　言

　　在1997年之前，曾經有過「九七大限」的說法。它的意思很簡單，只要主權移交，香港交回中國，一切都完蛋了。明顯地，這種說法來自一些不信任中國共產黨、中華人民共和國的人士，背後的考慮各有不同，其中一種想法是資本主義與社會主義不可能共存，所以一到正式回歸之後，香港這個特別行政區便無法繼續如常運作下去。從這個角度考慮，1997年7月1日就是香港社會的限期，到時它的社會經濟制度便要來到一個終結。

　　相對於「九七大限」之說，有一種差不多完全相反的看法。那是認為九七回歸，將會是一次順利過渡；因為有「一國兩制」和「五十年不變」的保證，到時只不過是要將旗幟轉換，完成一個正式的程序、儀式而已。翌日一覺醒來，一切照舊，大家如常生活。

　　現在事後看來，以上兩種說法都實在簡單得有點可笑，但它們作為當時看待九七回歸的想法的兩極，卻頗能反映出在整個過渡期內香港人的心態——在悲觀的一方，不少人是基於他們直接（例如那些在五十年代或以後，逃避政治運動而來港的移民）或間接的經驗，基本上對北京缺乏任何的信心和信任；在他們眼中，只要香港落在中共手裏，便沒有希望。基於這樣的理解，也實在沒有任何

需要對問題（如果有的話）的性質作出研究、分析。在他們的憂慮裏，社會主義中國是主要問題或一切麻煩的根源；需要擔心的，並非來自香港社會的內部，而是北京插手干預會造成種種破壞。既然如此，也就沒有什麼需要反思香港社會本身所潛在的問題。

在樂觀的另一方，則以為九七回歸可以出現無縫交接，行之有效的制度將可以繼續暢順運作，令香港保持安定繁榮。在這一種理解之中，香港的那一套根本沒有什麼問題（甚至奉之為必須原封不動，繼續應用，以求香港可於回歸後不褪色的最佳保證），而外在環境的轉變下亦不會對它造成什麼困難。雖然這跟「九七大限」論可謂持着完全不一樣的態度和分析，但它亦沒有怎樣反思過香港社會發展所潛伏的問題。當年無論對香港由英屬殖民地過渡到九七後的特別行政區抱樂觀還是悲觀態度，都假設了「不變」就是可以令香港繼續安定繁榮的最有效方法（呂大樂，2011）。對於在香港曾經是行之有效，一直效果良好的制度、政策，會否在新的政治、經濟、社會環境裏，不再能夠發揮舊有的效果的問題，基本上沒有嚴肅對待。當時在很多人眼中，問題根本就不存在，那自然也沒有進行研究、討論的必要。

就算是到了今天，大部分人所關注的問題，恐怕還主要是在於香港是否有「走樣」的現象？有沒有因為北京的干預而令它無法以原來的方式繼續運作下去？在一般人的心底裏，其實存在兩套標準：一是規範性的，指的是香港人長期以來重視的價值、規矩、處事方式等等；另一則是大家從來未有清楚說明，但又會視之為一種

有例可依的制度。後者正是本書所討論的「香港模式」。它之所以可視之為模式，是因為大家經常不自覺的會以它為討論的起步點，並且從來不怎樣懷疑它的適用性。正因為這樣，任何偏離「常規」都會惹來「走樣」的憂慮。諷刺的是，很多時候我們在憂慮有無「走樣」的問題之上所花的時間，較諸反思那個樣板本身有無問題，多出好幾倍。而在憂慮的過程之中，我們似乎忘記了制度創新的重要性。首先，在新的環境裏，舊的那一套可能已不再適用。再者，面向未來，更需要走在前面，以未來的需要來考慮制度革新。可是，回歸以來，制度創新的問題一直都擱在旁邊，未有成為公眾議題的焦點。現在，香港的情況是要應付眼前所見到的矛盾、困難，已經應接不暇，更遑論要深度反思，在制度創新上下工夫了。所以，每當遇上困難、問題的時候，最常見的反應是回到行之有效的做法。結果是我們一次又一次的返回起點。

一個制度層次的問題

相對於其他研究員，從事政治科學研究的學者較早意識到香港的政治制度安排出了問題。李詠怡（Lee, 1999）嘗試從九七前後香港在社會、政治、經濟等不同的制度性安排的轉變，來分析特區政府於後殖民的環境裏能否繼續維持有效的管治。

她認為「香港的管治危機乃制度上的不一致性（institutional incongruity）所造成」（Lee, 1999：941）。更具體的說，由於宏觀社

會、經濟及政治環境的轉變，過去在殖民地時代曾經有效運作的政治、行政制度，其實已不足以應付新環境裏的種種挑戰。舊有的管治方式之所以能夠暢順運作，乃建基於一些環境因素之上：官僚化的殖民地政府在一個經濟持續增長、弱勢的民間社會和市民的生活水平逐年改善的環境裏進行管治，顯得甚有把握。可是，在經濟轉型、經濟增長放緩、民間訴求不斷增加的壓力之下，舊有的制度性安排的問題便逐漸浮現。事實上，大環境的改變要求政治管治的架構也要配合轉變。特首及其領導的特區政府被指為未能一顯政治領導能力，更無法維持其認受性以化解來自民眾的批評與不滿。

李詠怡的制度性分析有力地展示出九七後社會、經濟、政治環境的變化，給原來的政治藍圖帶來了怎樣的衝擊，將潛在的矛盾統統顯現出來。繼續維持現有的政治管治結構，不但無助於解決當前的種種問題，更只會令矛盾深化。不過，我認為李詠怡以民間社會由弱轉強，民眾的訴求從而增加，令特區政府不勝負荷，來分析新政府所承受的壓力和出現管治危機的情況，儘管有其參考價值，但卻略嫌未夠全面。

所謂社會訴求超出政府所能負荷的說法，假設來自民間的壓力大大增加，不然就是政府在調解矛盾與衝突的能量大大下降。若以民間壓力而言，香港社會出現社會運動、大型社會動員，並非九七

回歸以後的新現象。[2]比較1997年前後，很難説哪個時期的民間社會力量更為強大。更重要的是，政府與社會的關係的變化，是一個質或內容（對政府的認受性有所質疑）的現象，而不是一個量（市民訴求增加，令政府難以負荷）的問題。其中很值得我們留意的是，今天特區政府所面對來自社會的挑戰，並非只限於在經濟轉型過程中受壓、受淘汰的一群或泛指的草根階層，而且還包括了中產階級、資產階級。1997年後特區政府的處境是四面受敵——有的壓力來自體制以外，但同樣重要的是源於建制之內。明顯地，特區政府在建立它的統治霸權（hegemony）或政治領導上是出現了問題（呂大樂、趙永佳，2004）。如果超荷的説法是説得通的話，那似乎更多是特區政府的政治能量下降，而不是建制以外的反對力量有明顯的提升。

　　當然，哪個是因？哪個是果？這個問題不易回答。再者，兩者必然互為影響，那就更不容易區別哪個因素更為關鍵。更重要的問題是，究竟是哪些因素導致社會不滿有所增加，民怨上升？是哪些因素令特區政府的政治能量下跌，管治能力降低？要回應這些問題，我們需要走出李詠怡所提出的模型，更全面的探討各種社會矛盾、張力之形成。在此，我必須指出，要求李詠怡在她的文章裏全面回答這些提問，是有點不公平的；她的文章的主旨在於點出，為何在九七回歸以後，會出現制度上的不一致性，而這又進一步導致

2　雖然1997年後的確有不少抗爭行動（包括由一些以往屬於既得利益者——如中產階級——所組織的行動）的出現，但論市民與政府之間的對抗，絕非空前。關於香港社會運動的發展，見Chiu and Lui (2000)。

特區管治上的危機,而不是全面審視香港社會在各個範疇上所出現的矛盾。她的分析的重要貢獻在於指出制度安排之所以能發揮作用,跟其他環節及大環境的配合至為重要。究竟某一種制度安排能否依舊運作暢順、良好,總不能抽離於具體的環境。

　　她在分析中點出了一個重要的問題:隨着非殖民地化過程的進行,政府與社會的關係發生了(雖然是靜默的)重要的變化——政府的認受性基礎可以成為一個問題。過去殖民地管治的一大特點,乃它的認受性少有受到質疑。這並不是說港英殖民地政府一向得到港人的接受和支持;戰後移民來港的華人是為了逃避戰亂而選擇來到這處地方,對於殖民地政府他們沒有什麼要求,更沒有考慮它的認受性的問題。到後來情形有所改變,主要都是六十年代中期兩次騷動,以及七十年代陸續出現不同類型的社會運動以後的事。香港在九七回歸的過程中,嘗試在體制安排上避開分配政治權力的問題,以為在制度上有連貫性便可回應民眾對特區政府在缺乏民意基礎及認受性所提出種種批評和疑問的挑戰。誠如李詠怡所說,九七後香港經濟陷於困境,這便立即暴露出特區政府管治的薄弱的民眾基礎這個弱點。過去殖民地政府沒有在這方面受到重大的衝擊和挑戰,乃因為它是一處沒有群眾性主張獨立的政治運動的殖民地,[3]殖民地政府始終可以與社會保持某種距離,並與後者分隔開來。再者,自六十年代經濟起飛後,經濟發展迅速,一般市民可通過個人努力而改善生活條件,幫助殖民政府可以憑着它產出(如經濟繁

3　相近的觀察和更深入的探討,見蔡榮芳(2001)的第七章。

榮、社會穩定）等方面有所表現，而令市民對他們在政府參與方面沒有太大要求。但對要扮演領導角色的特區政府而言，它的情況則完全不一樣了，它要直接面對群眾，其管治的認受性便每天都可以受到質疑和衝擊。殖民地統治結束後，一些舊有的制度性安排（特別是經歷過有限度的民主改革之後）的各種裂縫都呈現出來，而制度安排上的種種內部矛盾就更加深化了。[4]

不容易拆解的難題

李詠怡的分析所針對的是特區管治的問題，而我在本書試圖處理的是一個更大的問題。現時，香港社會所面對的難題，遠超於單純是政府在有效管治上出現了的問題；那些難題來自四方八面，而且一個扣連另一個，不容易解開。與此同時，亦沒有一種萬靈丹，可以藥到病除，只要於某一要點入手，即可將所有問題解決。我特別想強調的是，在面對這些難題的時候，我們經常以為可以重新拿出過去多年慣用的概念、做法，便可將問題解決。我一再強調，所謂某些政策行之有效的說法，現在反而經常會成為絆腳石，阻礙發展新思維，更有效的回應新環境所帶來的挑戰。正因為這個原因，我們有需要重新檢討舊有的發展模式或慣用的政策思維，以新的策略，重新上路。

4　關於九七後香港政治制度內互不配合及自相矛盾的問題，見Scott（2000）；劉兆佳（2000）。

　　在總結經驗的過程之中，同樣需要明白，很多時候我們連問題意識也相當缺乏。對於很多在過去二三十年裏所陸續浮現的問題，我們缺乏預見的能力。而到了今天，很多問題已經擺在面前，可是我們卻不一定願意放下舊有的看法，勇敢地承認難題的存在，並嘗試尋找解決的方法。

　　例子之一是產業結構的問題。我在第一章裏討論昔日香港製造業的發展，指出昔日的模式容許本地中小企業有一定的發展空間，而這也為很多人帶來創業的機會，在講求學歷的專業、行政管理人員、公務員的職業生涯以外，開闢了另一條事業發展的路徑（Lui and Wong, 1994）。這是一個較為多元的產業結構的社會效益，但卻不一定能夠敵得過經濟動力所帶來的大趨勢。在八十年代中後期，當愈來愈多製造商都考慮將工廠遷移到珠三角的時候，大家的討論焦點不在於產業結構轉型所引伸的社會後果及含意，而是短期可見的經濟效益。事實上，對個別廠家而言，當時「北上」發展乃大勢所趨。遷廠的策略遠較於向當時的港英政府爭取輸入外來勞工容易處理和直接了當。[5] 而當內地對外來投資持更開放的態度時，它所擁有大量廉價的勞動力和土地，成為十分吸引的條件。將廠房搬到珠三角，給香港廠家一個很好的機會，將生產規模擴大，利用規模效應來提高競爭力。作為企業經營的經濟決定，一間接着一間

5　初期廠家的訴求是爭取放鬆個別勞工條例，例如關於婦女勞工在加班工作、休息日的安排、禁止夜間工作等方面（伍錫康等，1987）。再發展下去是關於輸入外勞。但這遇上勞工界的反對和政府相當拘謹的回應。當內地逐步開放，遷廠成為一種可行的，而且是愈來愈多行家都採用的策略時，廠家便索性以此來應付成本上升所帶來的壓力了。

企業選擇「北上」，實在無可厚非。畢竟那是一盤生意，廠家不可能不考慮不同的經營策略所能帶來的經濟效益。問題是對每一個企業單位都是十分理性的選擇，其宏觀的、長遠的效果卻不一定對香港社會最為有利。

今天，我們事後重新思考這個問題時，想法可能跟當時會很不一樣。現在，很多人對產業結構趨向單一，會認為是一個問題。但在九十年代不少意見認為工廠北移，製造業在港活動明顯收縮（當時的一個爭議點，是關於工業轉型過程中，被淘汰的中年勞工），其實只是一個表面現象。表面上，香港經歷了一次「去工業化」，但實際上廠家利用內地的資源，大大增加了個別企業的產量，同時也擴大了整個香港製造業的生產能力，並且提升了競爭力。這種意見會認為單從香港境內活動去看香港製造業的發展，那未免太過狹窄了。香港廠家充分運用了內地的生產因素，不單擴大了個別企業的規模，而且還推動珠三角的經濟轉型，把它改造為「世界工廠」。

曾經有一段時間，情緒相當樂觀。在工廠北移後所出現的新的空間分工——「前店後廠」——似乎給香港一個新的位置。當生產程序都遷移到內地之後，本地所負責的部分更集中於高增值的環節，由統籌管理、市場推廣、融資，到產品開發、聯繫海外客戶，充分利用香港的商業服務和作為一個全球城市的優勢。從這個角度來看，香港製造業所要面對的，是角色轉換而已。不斷走向開放改革的內地成為了香港的腹地，而香港本身的位置與角色將會按着新

的分工，而更為專門化。

這種樂觀情緒令很多觀察者忽略了香港製造業的一些老問題。首先，遷廠後的香港廠家還是老樣子，集中於勞動密集的生產程序，而一般都未有在科技升級（technological upgrading）上有所突破（Lui and Chiu, 1993, 1994, 1996；Chiu, Ho and Lui, 1997）。從某一個角度來看，香港廠家普遍採用遷廠作為應付經營上所遇到壓力的方法，這跟他們一直未有做好科技升級有關；他們的生產主要還是勞動密集式的加工，要提升競爭力，主要依靠壓低生產成本。將生產程序搬到內地，便令他們可以在生產程序沒有什麼重大轉變的情況下，卻可因生產成本降低而繼續保持競爭優勢。而港商的生產特點，在遷廠以後也沒有明顯的改變，以至當廣東省要進行產業升級時，發現省內不少港商的工廠都有一種惰性，較少提升生產技術或提高產品的技術含量。在香港的工業轉型過程之中，當時廠家並未有積極回應市場訊號，進行科技升級；反之，他們是以遷廠的方法，令其勞動密集生產亦可繼續在國際市場上保持一定的競爭條件。其實，工廠北移只是幫助了香港廠家繼續延遲他們早在七八十年代已需要處理的生產升級的問題。[6]而內地進行改革開放，結果是給他們提供了一個機會，在沒有正面面對競爭壓力的情況下，仍

6　對於這個發展狀況，洪雯和張家敏（2014：56）亦有相近的觀察：「……轉入內地的港企由於獲得了低成本的生產要素，太容易通過擴大規模而獲得更大利潤，因此多年沿用同樣生產模式，不願冒險進行創新。……更重要的是，在整體經濟層面，勞動密集型製造環節移植到內地的同時，香港本地並沒有抓住機遇，採取適切的措施，推動高端製造業的發展，而是任由市場選擇，走向了服務業，導致香港製造業全面流失，產業結構嚴重偏向服務業。」

然可以維持其勞動密集生產，並利用腹地所提供的條件，擴大生產規模，大量出口到海外市場。

　　我當然明白，以上所講未必能充分反映個別港商在提高增值、進軍產品設計、在生產程序上的創新等方面的努力和成就。以我有限的接觸，亦曾在珠三角區內見過一些港商將他們所提供的服務與生產，作顯著的提升。可是，我們也得承認，作為一個集體、界別，則「港式製造業」的確有其局限。[7]進入珠三角並沒有改變港商的經營特性；他們依然是對市場有着敏銳的觸覺，靈敏度高，適應力強，但在技術創新方面，則表現並不突出。當珠三角本身也要尋找新的發展方向和出路的時候，港商基本上已失去了主導該區工業未來發展的位置。這既是香港製造業長期以來賴以成功的特點，但也是它的弱點。如我們在第一章裏的討論，香港廠商以中小企為主，多元、分散和善於鑽營。可是，大概也就是這個原因，香港的製造業有它的主力，但卻一直沒有什麼龍頭，以它（們）為核心，來進行升級轉型，再而帶動業內大小企業及其他相關產業的發展。

　　這連繫到第二點，就是在港商逐漸於珠三角收縮、減產的過程中，我們赫然發現，儘管在內地進行改革開放之後，他們已進入這個重新發現的腹地，並大展拳腳，利用其有利條件，為香港工業

7　勞動及其他生產成本一直是近年最困擾在珠三角進行生產的港商，有關的調查資料，參考了香港工業總會的整理（Federation of Hong Kong Industries, 2010：33－44）。經過遷廠和擴大生產規模後，現在有較多廠家會考慮以自動化來替代人手，減低勞動成本上漲所帶來的壓力。不過，我們亦會留意得到，仍有不少港商會考慮遷廠到廣東省內其他地方、內陸其他地區或東南亞，以作為應變的策略。

創造新的發展優勢，但三十年過來，卻未真正的將周邊地區納入為可支配的空間。這說起來是有點奇怪的。在內地——特別是南中國——進行改革開放的過程中，以香港為中心的外來投資支配了整個地區的工業化和城市化的速度與形態。所以，當時所見到的城市化形態，並非以原來的大城市（廣州）為中心，向外擴展，而是沿着港商投資設廠的地方，快速的發展出新的城鎮（Sit and Yang, 1997）。當時對很多觀察者而言，香港在推動珠三角的發展可謂勢不可擋。大前研一（Ohmae, 1994；1995）提出在全球化底下國家與國家之間的邊界已不重要，一個「沒有邊界的世界」正在形成的過程之中。他在分析「民族國家的終結」和傳統政治邊界的消失時，所引述的其中一個例子，正是香港與深圳的整合。經濟地理學學者亦滿懷信心的指出：「可以預見，在珠江三角洲城市發展的空間格局上，將形成一個具備邊境優勢的跨邊境城市發展區，賦予珠江三角洲的城市和經濟發展以新的內涵和潛力。」（楊春，1997：213）可是，過去十多年的發展卻未有兌現當時很多觀察者的預測，全面的整合或一體化並沒有出現。政治邊界的作用顯然較諸很多預測的頑強得多；沒錯，香港與珠三角往來頻密，但這並不等於前者已經支配了兩地的空間發展。而香港與內地各有不同的政治、社會制度限制了前者的都會化（metropolitanization），資本的流動和工廠的遷移加起來並沒有完全打開兩地的空間，讓所有的資源、人和物件百分之百自由流通。實際上，兩地只發生了有限度的、選擇性的整合；在1997年之前及其後均繼續存在分隔兩地的政治邊界，而同時它們又各自有不同的社會經濟制度，以至得以較全面地流通的因素只局限於某些領域之上。

　　過去三十五年內地與香港的經濟整合，主要是以企業為單位，而不是以個人為對象。在整合過程中，開發的空間更多的是為企業、投資所服務的抽象空間，而不是具體地可由個人來支配的生活層面的空間。[8]內地的對外開放，可以給港商不少機會，但這卻未有帶動大量港人進入內地，於個人層面融合於它的勞動市場和社區。舉一個例，香港廠商將工廠搬遷到珠三角之後，其實並未有全面的為香港的勞工在內地提供就業。他們或者曾經起用一些香港的管工、技術工人到內地，扮演一些參與管理的角色，可是很快的他們已被當地的僱員所替代。從統計處有關港人在內地工作的調查數據可見（參考圖7.1），在早期，機台及機器操作員及裝配員、工藝及有關人員依然可以佔上一定的比例（例如到了1992年仍有近三成），到了2005年則從事藍領工作的人士，只佔全部在內地工作的香港居民的一成而已。當然，如上文所提到，發生這種替代的現象，不難理解。港商遷廠到珠三角一帶，目的之一就是要利用當地供應充足的勞動力。所以，除了最早期一段短時間之外，產業北移並未有帶動大批香港的中、下層勞工到內地就業。

　　香港的半技術及非技術勞工基本上都因為遷廠而被逼離開製造業。至於一些技術工人及管工，則部分確實有機會隨廠北上而升職，擔當一些管理工作。政府統計處的資料並沒有這方面更深入的資料，在此難以評估究竟這類機會是否很普遍。但從於內地工作的

8　這裏的想法是受到John Friedmann分析經濟空間與生活空間的啟發，見John Friedmann, *Life Space and Economic Space* (New Brunswick: Transaction Publishers, 2002)。

圖7.1：香港在內地工作人口的職業分佈（百分比）：1992－2010年

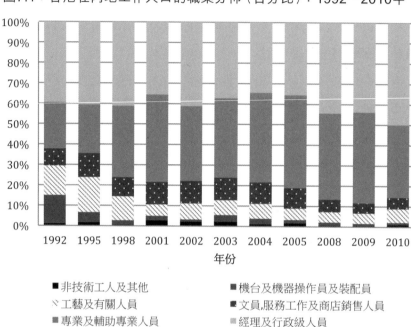

■非技術工人及其他　　　　　　■機台及機器操作員及裝配員
▨工藝及有關人員　　　　　　　■文員,服務工作及商店銷售人員
■專業及輔助專業人員　　　　　■經理及行政級人員

資料來源：政府統計處，「在中國內地工作的香港居民」，多年。

香港居民所從事的行業的變化所見（從事製造業的人士由1988年佔
總數的53.1%，到了2010年則只是39.3%），技術工人及管工要持續
地通過在製造業內工作，而找到晉升機會的可能性亦不會太高。至
於一般的半技術及非技術勞工，他們根本就失去了勞動市場上的位
置，只可以留在香港從事服務業的工作；內地大量勞動力的供應，
是吸引港商遷廠的重要因素之一，他們北上設廠，就是要充分利用
珠三角的種種資源。所以，港商進入內地投資設廠，是把生產線遷
移，但將原來的勞動力留在香港。

　　而上面所提到人力資源的替代，並不僅限於生產線上的勞工，而且還包括工程技術職位。據香港工業總會所做問卷調查、訪談及焦點小組的資料顯示：

> 企業增加聘用內地員工替代原有在珠三角工作的香港員工。職位已完全被內地員工取代的比例增至30%以上，以工程技術員職位的替代率最為顯著。（香港工業總會，2015：3）

上述人手替代的狀況，大致上反映出內地與香港之間的分工和資源流動的情況。一如過往「前店後廠」的分工形態，香港的強項主要還是在於面向市場，與此同時廠家亦可以在港進行融資貸款和取得其他商業服務。在這樣的情況下，某些類別的本地人才仍保持一定的競爭力；上面所引用由香港工業總會（2015：3）所做的研究顯示，「近四成企業表示將繼續聘用香港員工就任銷售及市場推廣、行政管理職位，這些職位現階段不會被內地員工所取代。」不過，在生產及相關的環節上，則人力資源替代的情況相當普遍。

　　當內地從1978年開始改革開放，到八十年代中後期香港廠家大舉「北上」，中港兩地逐漸增加連繫，而港人想像日後可能會更多進入華南地區，慢慢會形成一種社會融合，那很大程度上是建立

在當時兩地的生活水準存在顯著差異之上。[9]具體的說，那是珠三角可以成為一些中下階層退休後居住地點的選擇，又或者是一般人週末假期的渡假目的地。不過，現在事後看來，香港與珠三角的整合，除了製造業大舉北上之外，便沒有怎樣在其他方面有重大的突破了。隨着內地經濟起飛，生活水準提高，房價上升，人民幣跟港元的兌換率出現變化，回鄉退休養老亦逐漸不再是很多人所能負擔的安排了。結果是香港的工廠走了出去，但其餘的卻未有真真正正的跟珠三角進行整合，突破原來的空間佈局。

在生活的層面上（例如最常為港人於八十及九十年代談及的話題——回鄉養老），我們可從近年的一些調查資料裏，看得到於過去二十年有何發展。按2007年所收集的統計數字，於那五十萬在內地居住或長期逗留的港人之中，37.0%繼續使用於香港提供的社會服務。[10]由此可見，就算港人遷移到內地，他們大部分都未有真正的離開香港；若然從一個更宏觀的角度來看，香港及港人更是尚未有全面的跟國家發生融合。[11]

9　張筱蘭和葉兆輝在整理及分析政府有關長期於內地居住的港人的特徵時指出，較低收入的群體（每月收入在一萬港元的）於2001至2008年期間，數量上增加了四倍，佔2008年於內地居住的港人的47%。可以想像，對一些中下層老年人士來說，回鄉或到珠三角一帶養老，是他們應付退休生活的一種可行做法。見張筱蘭、葉兆輝（2010：16）。

10　詳見政府統計處（2008：40）。若只考慮那些曾在港或內地使用社會服務的人士來計算，則有64.5%的居民僅在香港使用社會服務。這也就是說，就算香港居民已搬遷到內地居住，他們仍會回到香港來使用各種社會服務。

11　參考2007的統計數字，大部分（82.8%）居住或長期逗留在內地的香港居民是在廣東省內生活。見政府統計處（2008：31）。

　　我想通過上面的討論來指出一點，就是香港原來那種金融、商業、服務與製造業並存，而且可容納不少中小企業的經濟環境並沒有成功自我複製，繼續給後來者提供機會和發展空間。當然，內地經濟走上改革開放之路的確為香港廠家帶來了很多新的可能性，而能夠成功爭取那些機會的，在整個過程之中取得不少好處。不過，由於可以利用內地的資源，於是那來自市場競爭而提醒廠家要及早升級轉型的訊號，便未有產生預期中的作用，督促他們認真提升生產技術水平、經營自家品牌等等。香港製造業的升級轉型一再延遲，不過這次卻可以通過遷廠而保持競爭力，甚至擴大生產，而賺取更大利潤。我們很難評估假如當時香港廠家選擇了另一路徑來回應日益激烈的競爭環境，後來的發展又會是怎樣的一個局面。我感興趣的問題，倒不是如果有機會可以重頭再來一遍，我們可會作出不同的選擇。現實是事情已經發生，而香港——至少好一批廠家——從中也得到好處，只是我們在當時或現在，都未有對其深遠的後果，好好的作出評估，更遑論思考更長遠的問題了。今天我們所見到的，是原來那種發展方式的局限。

　　港式製造業發展不擅長於科技提升，因此遷移到珠三角之後仍沒有太大突破，那不叫人感到意外。只是相信很多人都沒有想到，南中國的「世界工廠」很快便要面對競爭、成本上升等壓力，並且由高峰向下滑坡。以港商的情況為例，估計於2006年在珠三角一帶僱用了960萬工人（Federation of Hong Kong Industries, 2010：33），但到了2015年則只有450萬至500萬員工而已（香港工業總會，2015：3）。明顯地，港商於珠三角所設廠房及發展起來的生產

系統，正面對另一次轉移的決定。據香港工業總會的研究，2008年前的策略傾向於轉移到內地其他地方，而在2010年後則多以東南亞國家為轉移的目的地，另部分是會考慮回流香港（香港工業總會，2015：3）。香港工業總會的觀察是，「珠三角製造營商環境在2010年越趨嚴峻。轉移的主要產業為勞動密集型，成衣、紡織和玩具是主要的轉移產業。」（香港工業總會，2015：3）以上所講的發展趨勢並不代表港商已放棄珠三角為生產基地，但新的分工形式正在重新設定，而在這個過程中，進一步擴充和增加在珠三角投資的港商，只佔調查對象的兩成，不變和抱觀望態度的屬於多數。簡而言之，「香港廠商投資珠三角意願，不算熱烈。」（香港工業總會，2015：3）

　　同樣重要而至今香港社會還未有深入探討的問題是，前面已經略為提到，為何香港與珠三角並未如預期般發生更全面和有深度的整合？為何那主要是經濟、資本投資的空間的拓展，而未有社會、生活空間的重新構造？從某個角度來看，過去約三十年的香港－珠三角融合主要就是一次廠家運用內地資源的過程，所謂「前店後廠」是企業的生產程序與空間上的分工的改造，而不是兩地在經濟、社會、空間上的整合。造成這種有限度整合的原因並不限於某一方面或某種因素，而是一個相當複雜的過程。首先，在八九十年代的政治過渡的過程中，香港與內地保持一定的距離，是當時普遍接受的想法。而因為需要回應港人對回歸缺乏信心的問題，《基本法》內的好些安排亦以維持一定的區隔作為設計的考慮。所以，原意就是發展一種有限度的整合，而當時誰都沒有想過，這樣長期發

展下去將會造成怎樣的內在矛盾。第二，在2003年以前，無論是特區政府（尤其是公務員隊伍）又或者一些既得利益，亦不熱衷於推動區域整合（Shen and Luo, 2013：950－951）。到了2003年發生「沙士」襲港，再而爆發「七一大遊行」以後，情況才明顯的有所改變。

但值得注意的是，就算在2003年啟動了「內地與香港關於建立更緊密經貿關係的安排」（CEPA）之後，很多嵌於兩地制度的運作邏輯、規則、細節所帶來的阻力，明顯地較想像的多和不易克服。於是，又有發展前海的計劃，而接着的是新一個粵港合作計劃的構思——南沙。在討論廣東南沙與香港合作發展時，總結過去，問題依然是整合上存在障礙：「港澳服務商進入內地仍遇到高昂的制度摩擦成本，雖然港澳服務商知道進入內地市場具極大機遇，但『大門開了，小門不開』，令港澳服務商望門興歎。……十年來香港對內地服務輸出佔比一直徘徊在三成五左右，CEPA並未刺激香港服務業大幅『北上』。」（江迅，2015：30）而關注點亦只是放在投資、經濟活動之上，考慮的是經濟因素的流動，仍舊未有正面面對如何建造一個新的社會經濟制度環境的問題。

這是一種相當古怪的思維方式。多年以來，香港社會在相關的問題上甚少思考，更不會考慮規劃。在這種思維方式背後，存在一些假設——其中一項相當重要而甚少宣諸於口的，是（只要合乎經濟規律）市場及其動力自會將障礙消除。這種想法當然有其說服力和吸引人之處。當初港商大舉「北上」，開拓這大片腹地，完全

是私人企業行為，與香港政府無關。只要存在經濟誘因，便一定會有所回應，再而水到渠成，將整個局面打開。可是，現在事後看來，這種由資本帶動的區域經濟整合存在我在前面各段落所指出的不足。當然，企業並無責任去解決社會層面上的問題；它們面對生產成本上升、海外競爭日趨激烈，自然要想辦法如何可以繼續經營下去，而選擇的策略主要是要解決這個問題。個別企業的決定結果帶來工廠集體遷移，而客觀上推動了內地改革開放、工業化、城市化；它們並不是規劃的後果，因此在某個意義上，很多人所想像的區域融合、以香港為中心的都會化等等，都不應是衡量香港製造業轉移的成敗標準，而是工廠北遷所帶來的「額外效應」。

可是，值得注意的是，工廠北遷的策略只能幫助廠家應付他們的經營環境的轉變，而未有複製或延續舊有的創業空間。與此同時，這個過程也沒有為區域融合製造所需要的條件。在只是讓企業牽頭，而並沒有真正落手在制度上促進全面整合的情況下，那必然是有限度的、集中於個別部門的整合。如吳德榮、蕭楊輝（2014：62）所言：「區域合作（或協作）是在制度缺失的情況下進行。」這種沒有制度建設的區域整合，本以為是對香港最為有利的安排——香港既可維持區隔，而又可以利用內地的資源，可謂同時兩者兼得。當內地極需要向香港開放的時候，這樣的安排的確可行。到了下一階段，內地經濟開始起飛，而對香港而言，最好是不單可以利用它的廉價生產因素，而且還充分利用它逐漸累積的資金。於是在2002年便開始討論如何改變所謂「Goretex邊界」的狀況（即只有香港資金北上，而未能充分引導內地資金南流）（Chiu and Lui,

2009：144－145），希望活化資源流動。這種轉向於2003年之後逐步落實、擴充。這個過程主要是放寬規定、管制，而提升本地優勢的工作卻未有跟上（曾澍基，2010：101）。當香港與內地之間的經濟力量對比出現調整的時候，前者便顯得相當被動了。

處境與機會的轉變

我想説的是，市場本身並未有如很多人所預期般幫助香港經濟與社會自我調整，令我們只要依舊按市場規律而作出回應，便可在日趨競爭激烈的環境裏找到適當的位置，而且因察覺到市場訊號而提升自我的競爭優勢。這當然不可以就此懷疑或否定市場機制的作用（儘管我並非自由市場的支持者），但值得反思的是，香港人向來以為擁抱自由市場經濟便可以應付經濟挑戰，又或者認為只要沒有偏離市場規律，便不會「行差踏錯」，作出錯誤的經濟決定。可是，今天擺在大家面前的難題是複雜得多了，[12] 而當年反映市場趨勢而帶來的轉變，它們的社會後果亦成為了現在大家需要面對的問題了。

12　我完全明白，對於自由市場論者來説，他們的回應可以簡單而直接的説：他們的想法倒沒有那麼天真。可是，當我們重新檢視八九十年代面對香港前途問題期間，香港人是如何理解香港經濟發展的未來時，他們似乎以為最令人需要憂慮的問題是，資本主義香港怎樣與社會主義中國共存。因此，必須保持資本主義不變，而且還盡可能在《基本法》內寫下自由市場的操作（例如第107和108條）。對於怎樣應付資本主義經濟本身所可能要面對的挑戰，不是大家的關注。至於什麼產業政策，對崇尚自由市場的人士來説，也是多此一舉。基本上，在過渡期間，香港沒有準備將來要做些什麼。到董建華當上特首後嘗試調整經濟發展的施政方針，結果弄得焦頭爛額。

舉例：今天很多人——包括特區政府的領導層——都會談論香港的產業結構是否變得太過單一化。現在我們所見到的結果，必有其前因。當香港的製造業以高速遷移離開香港時，主流意見只覺得那是趨勢使然，甚至認為那是香港經濟轉型中新的優勢的具體表現。對於「去工業化」的社會影響，基本上未有登上社會議程之上。以前沒有人會考慮這對香港的社會結構的影響，更沒有太多人會注意到，牽一髮而動全身，連對新市鎮亦造成巨大的衝擊。這些問題我在第一、五、六幾章都已經討論過了，在此只想補充一點，就是在經濟轉型和社會結構變化的過程中，我們所見到的情況也跟很多人想像中的有相當大的落差。如果以前香港社會能容納不同背景、履歷的人士以他們的能力、專長去尋找機會，現在的情況則顯然有所不同，變得愈來愈一元化和狹窄了。

曾幾何時，不少人相信除了本地經濟發展可以創造社會流動的空間外，內地也將會為香港提供機會。那些機會可能有兩種：一是伴隨本地工廠北移，好些技術工人、管工可有機會晉升到管理團隊；二是本地的專業及管理人員可以進軍內地，憑着他們的國際視野和相關的經驗，一展所長。關於前者，我在前面已有討論，跟生產有關的香港僱員，很快便在九十年代期間為內地員工所替代。至於後者，機會肯定是存在的，只是他們的處境亦並非期望中的樂觀。

政府統計處收集了香港居民在內地工作的統計，據有關的資料顯示，在內地工作的香港居民的數目，由1988年年底的52,000人左

右，發展至2010年第三季的175,100人，在十多年間有大幅度的增
長，[13]而其中以2004年為高峰，數目達244,000人。不過，跟很多
人的印象不一樣，其實近年香港居民在內地工作的數字，是由2004
年的高峰逐年下滑，至近年減少了差不多七萬人。跟香港居民在內
地居住或長期逗留的數目比較（差不多在同期增加了兩萬多人），
似乎未見前者的減少是因為有關人士已經轉為長居內地。這也就是
說，單純在量的方面，我們不單未見持續增長，而且反過來有下降
的趨勢。

　在內地工作的香港居民的數字未有如預期般上升，反而出現下
跌，這跟很多人的期望有所出入。我們值得注意的，又並不單純在
於量的方面。從八十年代發展至今，在內地工作的香港居民的行業
及職業分佈，早已發生了相當明顯的變化。其中由製造業作為在內
地工作的香港居民的主要行業（於1992年佔60.8%），到近年已改由
批發、零售、進出口貿易、飲食及酒店業（2009年佔43.7%）和其他

13　從1988年開始，香港政府統計處以不定期的方式，通過「綜合住戶統計調查」來搜集
　　有關在內地工作的香港居民的社會背景及特徵資料。該調查透過科學方法抽出住戶樣
　　本，而在受訪住戶中所有年齡達15歲或以上的人士，均會被問及於進行調查之前的12
　　個月之內，是否曾經在內地工作。按政府統計處所採用的定義，在內地工作的香港居民
　　「乃指屬於居港人口而於統計前12個月內曾在內地工作（不論在該12個月期間往內地
　　工作次數及每次逗留期間）的人士。但若只到內地洽談生意、巡視業務、及／或出席貿
　　易展銷會、會議和業務應酬，則不被視作『在內地工作』。此外，來往兩地的從事運輸
　　業人士及在內地海域作業的漁民或海員，亦不包括在內」。在此必須指出，政府統計處
　　在搜集有關資料時，將在中國內地工作的香港居民細分為兩類：一是在統計前12個月
　　內曾在內地工作的，而另一是「在統計前12個月內曾在內地工作而在統計時從事的工
　　作職位仍需其在該處工作的香港居民」。兩者在數量上沒有太大差別，而本文所報告的
　　統計數字，以前一類作準。

第三產業所替代。這反映出早年港人到內地工作多是跟隨工廠北移到珠三角，而近年港資到內地發展，已逐步擴展至服務業。不過，這個行業上慢慢變得分散與多元的情況，對僱員而言及在就業機會來看，卻剛好相反，發展趨勢是高度集中於某些職業之上。關於這一點，我們可以從前面的圖7.1所呈現的統計資料觀察得來。踏入2000年以後，在內地工作的香港居民的職業，明顯地集中在專業及輔助專業和經理及行政級人員。這既反映出內地人才供應的變化（好些原來由香港居民所擔任的職位已為當地僱員所取代），同時也說明了香港、內地或跨國企業所需要的香港人才，集中在哪些職級、位置、工種之上。明顯地，我們所講的機會，是香港與內地，跟周邊地區，以至世界其他地方互動的結果，不停地轉變和重新構造。

從這個角度出發，現時坊間很多有關「中國機會」的討論，大部分都是沒有對準焦點的。所謂「中國機會」，值得討論的並不是一個有或無的問題。從圖7.1的資料所見，香港進入內地的確為港人帶來了新的機會，在2004年於內地工作的港人就曾經佔總就業人口的7.2%。而在個別職業上，其比率就更高——如專業及輔助專業的比率大概在10%左右，而經理及行政級人員則更高達四分之一，意思是當政府統計處進行調查的時候，在眾多擔任經理及行政級人員的香港居民之中，約四分一人在統計前十二個月曾在內地工作。由此可見，在中產階級的兩個主要職業組成部分——經理及行政級人員、專業及輔助專業——當中，不少位置是通過這種「中國機會」而產生的。所以，「中國機會」的確很實在，確實為香港

社會注入了新的元素。但與此同時，我們亦應同時觀察得到，「中國機會」並未有全面地對不同背景的社會人士開放。除了早期能為一些製造業的技術工人、管工、指導員帶來過一陣機會之後，他們很快便被取代。自此以後，有關的機會集中向擁有較高學歷或工作經驗，並屬於經理行政人員及專業人士的方面傾斜，令能從中受惠者，大大收窄到某類人士的範圍之內。

而且我們必須注意到，即使是經理及行政級人員、專業及輔助專業人員，他們也不能假設自己的市場地位不會發生變化（由被替代到市場價值下降）。所以，當我們見到香港居民在內地工作的人數沒有進一步增長或甚至有下降趨勢時，應理解那是一種警號，顯示勞動市場又有更新的變化。同樣重要的是，我們需要更清楚及準確的了解，究竟是哪樣的背景的香港僱員會在勞動市場上有需求。政府統計處的資料似乎告訴我們，資歷是重要的因素。

政府統計處沒有在調查中直接問到資歷的問題，但所收集的資料有年齡這個項目。在內地工作的香港居民在年齡方面，於八十年代末的時候，有接近四分之一年齡是在20－29歲之間。可是，該年齡群的百分比自從踏入九十年代便一直下跌，到了2009年更是下降至不足一成。而在2010年，近四成在內地工作港人，年齡在五十歲或以上（見圖7.2）。若從年齡中位數來看，則由1998年的39歲上升至2010年的49歲（見圖7.3）。明顯地，到內地工作的香港居民多屬有一定經驗及資歷的人士，而這跟前面談到他們的職業時，基本上是一致的。接近一半在內地工作的港人是擔任經理及行政級人員，

圖7.2：在內地工作港人的年齡分佈（百分比）

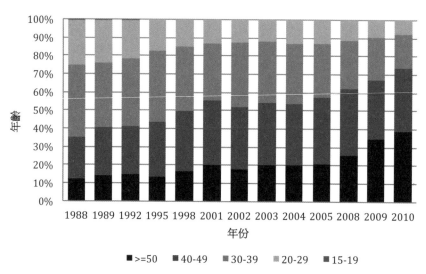

資料來源：政府統計處，「在中國內地工作的香港居民」，多年。

圖7.3：在內地工作港人的年齡中位數

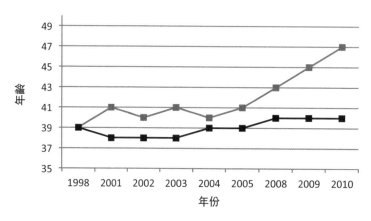

資料來源：政府統計處，「在中國內地工作的香港居民」，多年。

需要具備豐富的工作經驗。剛大學畢業或踏入勞動市場的年青僱員，恐怕不會是僱主們的首選。資歷豐富的經理人或專業人士，才是最多企業有意招攬的人才。從勞動市場的運作邏輯來看，這不難理解。

　　以上所討論的，只是回歸以來轉變中的社會經濟環境與機會結構的一個小部分。我們還未有討論、分析貧窮、青年就業等問題，而限於篇幅，在此暫且不再打開新的議題了。通過上面的討論，我希望指出一點，就是由1997年到現在，我們對於整個經濟、社會結構的變化，其實還未有很實在的評估，並在一個踏實的基礎上思考相關的政策或發展策略的問題。最早期的看法是根本就不當作是一個需要正視的問題——經濟轉型應由市場來處理，優勝劣敗、適者生存，至於什麼社會後果，連成為社會議程上的一個項目也有一定難度。[14] 某一種轉型的形式在社會上所產生的效果，根本就未曾認為是一些需要處理的事情。到了下一個階段，事情仍簡單地以為只是由第二產業向一個服務業為主體的、知識型的經濟的過渡。對於香港經濟本身的弱點，並未有全面的分析。洪雯和張家敏（2014：56-57）就點出了一些很值得認真對待的具體例子：

　　　例如，由於本土經濟實體基礎薄弱，服務業特別是那些與製造業有密切聯繫的生產性服務業的多樣化發展動力不足，高

14　勞工或僱員的再培訓曾經是一個題目，但焦點在於協助工人適應，而不是更積極的想辦法怎樣以另一種方式去發揮他們的技術、能力。

新技術服務業一直難以發展。另外，由於本土生產極少，本身無貨源，香港貿易、物流業主要依賴中轉，容易受外界影響而大幅波動。最近十多年來，得益於自由行的推動，旅遊業成了為香港創造最多就業崗位的產業，但由於本地缺乏中高層次的製造業，遊客購入的貨品基本上來自進口，所增加的就業以低端職位為主，本地受益有限。

他們的分析不單指出了個別現象，而且還提醒我們一種兩極分化的趨勢——在新的以服務業為主的經濟體裏，一樣是走向兩極化：

……近十多年來，在香港服務業加快進入內地的同時，香港並未能培育起新的增長點。若生產性服務業收縮，必然導致中層及中下層職位流失，給本土基層勞動力的就業帶來一定風險。即使產業不完全遷移，而是走向高端化，雖會增加高技能職位的需求，但數量亦會有限。而同時，消費性服務業擴張，則會導致下層就業增加。在此消彼長的趨勢下，香港就業結構可能進一步兩極分化：就業集中於高端的精英階層和為遊客服務的低端階層，……。（洪雯、張家敏，2014：58）

上述情況不會因為內地經濟發展強勁而改變。什麼「中國機會」（即使能起一些作用）也不能扭轉現時香港所處的困境。香港必須認真做好的，是重新發展出優勢產業，否則什麼發展空間、流動機會都必定是十分有限。

但如何啟動新的發展呢？

等待市場的力量？交給企業家來扮演推動者的角色？

還是由政府來做推手？

政府：調整角色？

究竟政府有無角色？是怎樣的角色？這些都是大問題，本身就可以是一本（或多本）研究專著的題目，又或者是多年辯論也不會產生一致意見的題目。在此我無意進入這個討論。事實上，以目前香港的情況而言，在進入這樣的討論之前，還有更根本的問題需要解決。那個問題是關於特區政府的施政能量；說得直接一點，關於調整政府角色，一種可能性是根本就無意改變，但現實的情況是，就算有心，亦恐怕無力。

回歸以來，特區政府已有過不少調整，由人事（例如特首的個人背景與經驗）到領導層的組成（例如成立政治委任制）都已經作出改變，但基本上施政困難的狀況並未有顯著改善。一直以來，特區政府領導層都要面對來自社會上不同的政治勢力、社會階層、界別的批評與挑戰，反對派不留餘地，那是意料中事，但具體的情況是連本來以為是建制一部分的利益團體、政治力量，亦不一定表現友善。所謂要建立管治聯盟，一直只是一種主觀期望，而未曾實

現。與此同時，在面向社會大眾的時候，特區政府往往因為民望低落，而無法將民意爭取過來，提高施政能力。特區政府處境艱難，究其原因，也不就只是個人因素所能解釋，同時也不能將問題都推到選舉政治及相關的政治計算，又或者社會環境日趨政治化等因素之上。經過改變施政手法、重組政治領導的班底之後，而依然未見有起色，多少說明問題本身與制度安排有關，以至同樣的問題、矛盾在幾屆特區政府中反覆出現，纏繞着九七回歸後的施政。

　　問題的關鍵在於在設計後九七的政治制度時，嚴重低估了去殖民地化對整個社會的政治環境所帶來的衝擊。當時以為毋須對舊有的制度作出重大轉變，亦足以應付新的需要。基於這樣的考慮之下，並未對政治認受性的問題有足夠的注視，而認受性不足就成為了特區政府「先天不足」的缺陷。特區政府沒有辦法重複殖民政府的經驗，憑着經濟增長、物質生活的改善，以「政策的輸出」或實際的成績來滿足市民的期望，令他們降低政治參與的要求。當特區政府領導層苦無對策的時候，自然會想到重新依靠舊時行之有效的「諮詢式政治」，以爭取民意支持。可是，在新的政治環境裏，期望市民的政治訴求可以納入「諮詢式政治」的框架之內，而同時又可以化解矛盾，純屬一廂情願的想法；如我在第四章裏所討論，這顯然是不切實際的想法。特區政府領導層——無論由誰來擔任特首——要建立其政治認受性，恐怕沒有捷徑可走，而是必須還原基本步，考慮如何建立一個有條件在程序上確認執政領導層的正當性、鞏固其民意基礎，甚至更理想的是可以凝聚共識的體制。就算難以形成共識，亦起碼能令這個領導層取得足夠的政治授權，可能有效

地施政。過去與現在的特區政府均未能處理及解決上述難題，結果是一而再，再而三的陷於施政極其困難的狀態。所以，如何理順特區在政治制度上的安排，是一個很現實的問題，而不單純是意識形態、價值、理念之爭。

假如特區政府領導層未能解決政治認受性的程序問題，唯有期望可以憑着領袖人物的個人聲望，又或者短期內便奏效的政績來建立民意支持的基礎，以補認受性不足的缺點。但過去經驗告訴我們，單憑一時的民意支持，而以為一切問題都已成過去，那肯定是一種相當幼稚的想法；只要施政表現出現一些問題，民意很快便會逆轉，到時特區政府又再度陷於困境。

這些基本的政治問題一天未好好處理，特區政府便難有足夠的政治能量去調整它的角色。由產業政策、人口政策，到區域發展、社會福利政策，都難有什麼重大突破。弱勢的政府會埋怨反對派無理取鬧、市民支持度不足，以至難以按其理念推動新政；而社會上的聲音又會覺得政府只懂硬闖，未有回應民意，取得授權，以至政府與社會之間欠缺協同力。如此這般，一是政策變得不湯不水，不然就是繼續在舊的框框內空轉。

今時今日，特區政府要拓展空間、尋找突破，較以前就更為困難和複雜。原因之一，是愈來愈多相關政策已不再只是香港境內的內部事務那麼簡單。梁振英在競選特首期間，提到「內交」的概念，這多少反映出他意識到宏觀環境的轉變，以及主動展開跟內地

地方政府溝通、合作的重要性。可是，現在香港所面對的情況，又豈是「內交」（作為手段）所能解決的呢？在整個國家及區域的層面上看發展，協調與配合是一個有相當高挑戰性的問題。地方上不同的單位各有它們的議程，究竟由哪一個地方去配合另一處地方的發展，肯定就不只是多一點交流、溝通所能解決的。同時，各地在進行規劃時，各有它們的方向、考慮、進程，由於香港本身沒有跟整個區域整合的藍圖，那實在也很難要求區內其他地方如何準備將來彼此融合。[15]

更重要的是，就算周邊地區亦願意遷就香港的步伐，等待由它提出一套對區域經濟發展的看法，再相互配合，香港在履行這項發展的任務時，仍會遇上一定的困難。香港沒有長遠規劃的習慣，而特區政府亦缺乏大幅度調整其角色的政治能量，所以要有所改變，談何容易。事實上，它亦沒有這方面的工具——政府本身就不想（同時也沒有足夠的政治能量）去扮演一個發展型政府的角色，要跟得上周邊地區落實規劃、建設的步伐，較為困難。特區政府可以在基建方面做工夫，同時也可鼓勵私人企業投資，或做宣傳、推廣之類的工作。但它對自身角色的界定，基本上很難超越上述工作，更遑論跟其他地方政府直接合作，開拓一個新的區域經濟。以目前特區政府的狀況來看，也很難看到有一個確立新的角色的可能。在這

---

15 當然，特區政府並不是完全未有對區域整合作出回應和規劃的，有關的規劃文件，見香港規劃署的《香港2030：規劃遠景與策略》（2007年）。雖然當中亦有考慮到人口的流動性將會提高，而區域融合日趨重要，但規劃的假設依然以內部因素為主，而且也沒有長遠的、動態的區域發展及分工的概念。

樣的情況下，就算香港社會在主觀上期望有所改變，結果也恐怕難以成事。

香港會做的和可以做的，就是繼續在邊界的範圍之內，嘗試做些微觀規劃。但只是這樣的話，香港難免會處處顯得被動。一方面，隨着內地社會經濟的進一步發展，更多資源與經濟活動（由投資到旅遊）從內地溢出，對香港造成各種各樣的衝擊。另一方面，香港沒法向外擴展，那就很難利用區域融合去打開一個新的局面。如此這般，本來區域融合可為香港創造出一些新的條件，卻不但未有預期的效果，現在甚至被視為一種威脅，成為了製造社會矛盾的因素。

小　結

以上的討論，顯示回歸後香港社會所面對的問題相互扣連，要嘗試解決其中一項，必然勾起其他難題。結果，是一次又一次的回到起點，而問題依然是未有解決。困在這個框框裏面的香港社會如何走出困局，不可能依靠一些微觀的調整而可以有所突破。但要以大動作來走出困局，又缺乏一個支點或一位所謂的「轉變啟動者」來打開新的局面。在這樣的情況下，短期之內相信亦難有什麼突破了。

結語

以前，我們偶會聽到一些社會人士說：香港是一處福地。至於此話何解，則（除了風水命相的討論外）鮮有詳細說明，而福從何來，就更無完整的說法。

不過，儘管如此，這些年來福地之說，還是經常會在大小不同的場合上聽到的。

有時候我會想：假如換過另一個角度，以地緣政治經濟來理解這套香港是一片福地之說，或者我們會有另一種看法。[1]至少，我們會更自覺環境因素的作用——在特定的歷史、國際政治及經濟、區域政治及經濟，以至社會內部的各種環境因素的影響下，某些制度安排、發展的手段、方式可以發揮得淋漓盡致，有效地帶來各種良性的效果。不過，當各種配合的條件發生變化之後，那便將會是另一回事了。

是福氣？運程？還是既有的制度安排、做法，甚至是整套發展模式已跟不上環境的轉變呢？

想深一層，這其實頗為諷刺。香港社會並不是沒有為九七過渡做好準備，但問題是大家的注意力都放到其他方面。很多人以為香

---

1 關於地緣政治經濟的分析視野，可參考Schenk（2001）、張少強（Cheung，2014）。

港社會的強項在於它原來的制度安排和既定的做法（因此它們不需要及不應有所改變），可是九七回歸過後，卻往往因為社會內部制度安排的不一致性，有時甚至是自相矛盾，而令社會、政治、經濟均無法暢順運作。

當然，香港所遇到的難題，並非全部都屬於制度安排上的內部矛盾。作為一個特別行政區，如何與國家及中央政府相處，也是全新的課題。而在實踐過程之中，產生矛盾實在難以避免。問題不在於有無矛盾，而是為何矛盾不易化解。

擺在我們面前的，不是一個半個，而是很多個難題。當前香港社會所面對的其中一大難題，是一方面不敢放棄過去所謂行之有效的制度安排，但是另一方面又知道單憑重複舊有的做法，不足以應付新的問題與挑戰。在整個漫長的政治過渡過程之中，重點就是放在保留舊有的東西。但明顯地，舊的方式、方法已不足以幫助處理新的問題。而在九七回歸後遇上各種新的困難與挑戰時，就令人更感焦慮：要變？還是回到熟悉的一套？求變的話，會有一種不確定和不安全的感覺。但是如果不敢轉變，又實在難以想像有突破的可能。

誰都知道整個社會不可能一直迴避，而最終總要作出決定。但現時社會上卻沒有一種政治力量擁有這樣的意志或足夠的政治能量去推動一個新局面的出現。

目前是一個困局，而這個困局恐怕還會維持一段時間。

參考書目

英文部分

Bristow, Roger. 1989. *Hong Kong's New Towns.* Hong Kong: Oxford University Press.

Burns, John P. 1991. "Hong Kong: diminishing laissez-faire," Steven Goldstein (ed.) *Mini Dragons: Fragile Economic Miracles in the Pacific.* Boulder: Westview Press.

——. 2004. *Government Capacity and the Hong Kong Civil Service.* Hong Kong: Oxford University Press.

Census and Statistics Department. 1982. *Hong Kong 1981 Census Main Report, Volume 1: Analysis.* Hong Kong: Government Printer.

——. 1985. "Participation in part-time education," *Special Topics Report III: Social Data Collected by the General Household Survey.* Hong Kong: Government Printer.

——. 2007. *2006 Population Census Thematic Report: Household Income Distribution in Hong Kong.* Hong Kong: Government Printer.

——. 2012. *2011 Population Census Thematic Report: Household Income Distribution in Hong Kong.* Hong Kong: Government Printer.

Cheung, Anthony B. L. 1997. "Rebureaucratization of politics in Hong Kong," *Asian Survey,* Vol. 37, No. 8.

——. 2000. "New interventionism in the making: interpreting state interventions in Hong Kong after the change of sovereignty," *Journal of Contemporary China,* Vol. 9, No. 24.

Cheung, Anthony B. L., and Paul C. W. Wong. 2004. "Who advised the Hong Kong Government?" *Asian Survey,* Vol. 44, No. 6.

Cheung, Fernando C. H. 2003. "A study on the advisory and statutory bodies in Hong Kong," At: http://www.hkdf.org/newsarticles. asp?show=newsarticles&newsarticle=32

Cheung, Siu Keung. 2014. "Reunification through water and food," *The China Quarterly,* No. 220.

Cheung, William Mang-King. 1994. "The applicability of four theoretical perspectives of economic power to the corporate market in Hong Kong," Unpublished Ph.D. Thesis in Sociology, University of California, Los Angeles.

Chiu, Stephen W. K. 1994. "The politics of laissez-faire," Occasional Paper No. 40, Hong Kong Institute of Asia-Pacific Studies.

Chiu, Stephen W. K., and Tai-lok Lui. Eds. 2000. *The Dynamics of Social Movement in Hong Kong.* Hong Kong: Hong Kong University Press.

——. 2009. *Hong Kong: Becoming a Chinese Global City.* London: Routledge.

Chiu, Stephen W. K., K. C. Ho, and Tai-lok Lui. 1997. *City-States in the Global Economy: Industrial Restructuring in Hong Kong and Singapore.* Boulder: Westview Press.

Chu, Y. W. 1992. "Informal work in Hong Kong," *International Journal of Urban and Regional Research,* Vol. 16, No. 3.

Davies, S. N. G. 1977. "One brand of politics rekindled," *Hong Kong Law Journal,* Vol. 7.

Endacott, G. B. 1964. *Government and People in Hong Kong, 1841-1962.* Hong Kong: Hong Kong University Press.

Federation of Hong Kong Industries. 2003. *Made in PRD: The Changing Face of HK Manufacturers.* Hong Kong: Federation of Hong Kong Industries.

——. 2010. *Hong Kong Manufacturing SMEs: Preparing for the Future.* Hong Kong: Federation of Hong Kong Industries.

Fong, Brian C. H. 2015. *Hong Kong's Governance under Chinese Sovereignty.* London: Routledge.

Friedman, Milton. 2006. "The death of the Hong Kong model," *The Wall Street Journal Asia,* 6th October.

Friedman, Milton, and Rose Friedman. 1980. *Free to Choose.* Harmondsworth: Penguin Books.

Friedmann, John. 2002. *Life Space and Economic Space*. New Brunswick: Transaction Publishers.

Goodstadt, Leo F. 2000. "China and the selection of Hong Kong's post-colonial political elite," *The China Quarterly,* No. 163.

——. 2005. *Uneasy Partners: The Conflict between Public Interest and Private Profit in Hong Kong*. Hong Kong: Hong Kong University Press.

Haddon-Cave, Philip. 1984. "The making of some aspects of public policy in Hong Kong," David G. Lethbridge (ed.) *The Business Environment in Hong Kong* 2nd Ed. Hong Kong: Oxford University Press.

Harris, Peter. 1978. *Hong Kong: A Study in Bureaucratic Politics*. Hong Kong: Heinemann Educational Books (Asia) Ltd.

Hirschman, Albert O. 1981. "The changing tolerance for income inequality in the course of economic development," Albert O. Hirschman (ed.) *Essays in Trespassing*. Cambridge: Cambridge University Press.

Holliday, Ian, and Glenn K. H. Hui. 2007. "Local, advisory and statutory bodies," Wai-man Lam et al (ed.) *Contemporary Hong Kong Politics: Governance in the Post-1997 Era*. Hong Kong: Hong Kong University Press.

Hsiao, Michael H. H. (ed.) 1999. *East Asian Middle Classes in Comparative Perspective*. Taipei: Institute of Ethnology, Academia Sinica.

Hughes, Richard. 1976. *Borrowed Place Borrowed Time: Hong Kong and Its Many Faces* 2nd Ed. London: Andre Deutsch.

Hui, Eddie Chi Man, and Ka Hung Yu. 2009. "Residential mobility in an era of economic transformations and population reformations: a case study of Hong Kong," *Habitat International,* Vol. 33, No. 4.

Jones, Carl. 1999. "Politics postponed: law as a substitute for politics in Hong Kong and China," Kanishka Jayasuriya (ed.) *Law, Capitalism and Power in Asia*. London: Routledge.

Lau, Joseph Cho Yam. 2010. "The influence of suburbanization on the access to employment of workers in the new towns: a case study of Tin Sui Wai, Hong Kong," *Habitat International,* Vol. 34, No. 1.

Lau, Siu-kai. 1982. *Society and Politics in Hong Kong*. Hong Kong: The

Chinese University Press.

Lau, Siu-kai, and H. C. Kuan. 1988. *Ethos of Hong Kong Chinese*. Hong Kong: The Chinese University Press.

Lebovics, Herman. 1969. *Social Conservatism and the Middle Classes in Germany, 1914-1933*. Princeton: Princeton University Press.

Lee, W. Y. Eliza. 1999. "Governing post-colonial Hong Kong," *Asian Survey*, Vol. 39, No. 6.

Leung, Benjamin K.P. 1990. "Power and politics: a critical analysis," Benjamin K.P. Leung (ed.) *Social Issues in Hong Kong*. Hong Kong: Oxford University Press.

Leung, W. T. 1972. "Tsuen Wan town: a study of a new town in Hong Kong," Unpublished M.Phil. thesis, Department of Geography and Geology, The University of Hong Kong.

—— 1986. "The new towns programme," T. N. Chiu and C. L. So (eds.) *A Geography of Hong Kong* 2nd Edition. Hong Kong: Oxford University Press.

Lui, Tai-lok. 1994. *Waged Work at Home: The Social Organization of Industrial Outwork in Hong Kong*. Aldershot: Avebury.

——. 1999. "Personal trouble or public issue: the service class in the process of decolonization," Michael H. H. Hsiao (ed.) *East Asian Middle Classes in Comparative Perspective*. Taipei: Institute of Ethnology, Academia Sinica.

Lui, Tai-lok and Stephen W. K. Chiu. 1993. "Industrial restructuring and labour-market adjustment under positive noninterventionism," *Environment and Planning A*, Vol. 25, No. 1.

——. 1994. "A tale of two industries: the restructuring of Hong Kong's garment-making and electronics industries," *Environment and Planning A*, Vol. 26, No. 1.

——. 1996. "Merchants, small employers and a non-interventionist state: Hong Kong as a case of unorganized late industrialization," J. Borrego et al. (eds.) *Capital, the State and Late Industrialization*. Boulder: Westview Press.

Lui, Tai-lok, and Thomas W. P. Wong. 1994a. "A Class in Formation: The Service Class of Hong Kong," research report submitted to the Chiang Ching-kuo Foundation for International Scholarly Exchange.

——. 1994b. "Chinese entrepreneurship in context," Occasional Paper No. 38, The Hong Kong Institute of Asia-Pacific Studies, The Chinese University of Hong Kong.

Miners, N. J. 1975. *The Government and Politics of Hong Kong*. Hong Kong: Oxford University Press.

——. 1996. "Consultation with business interests: the case of Hong Kong," *Asian Journal of Public Administration,* Vol. 18, No. 2.

Ngo, Tak-Wing. 2000a. "Changing government-business relations and the governance of Hong Kong," Robert Ash, Peter Ferdinand, and Brian Hook (eds.) *Hong Kong in Transition: The Handover Years*. Houndmills: Macmillan Press.

——. 2000b. "Social values and consensual politics in colonial Hong Kong," H. Antlov and Tak-Wing Ngo (eds.) *The Cultural Construction of Politics in Asia. Surrey: Curzon Press.*

——. 2002. "Money, power, and the problem of legitimacy in the Hong Kong Special Administrative Region," Francoise Mengin and Jean-Louis Rocca (eds.) *Politics in China: Moving Frontiers*. Basingstoke: Palgrave Macmillan.

Ohmae, Kenichi. 1994. *The Borderless World*. London: HarperCollins.

——. 1995. *The End of the Nation State*. New York: Free Press.

Post, David. 1993. "Educational attainment and the role of the state in Hong Kong," *Comparative Education Review,* Vol. 37, No. 3.

——. 1994. "Educational stratification, school expansion, and public policy in Hong Kong," *Sociology of Education,* Vol. 67, No. 2.

——. 1996. "The massification of education in Hong Kong: effects on the equality of opportunity, 1981-1991," *Sociological Perspective,* Vol. 39, No. 1.

Rear, John. 1971. "One brand of politics," Keith Hopkins (ed.) *Hong Kong: The Industrial Colony*. Hong Kong: Oxford University Press.

Reidel, J. 1973. *The Hong Kong Model of Industrialization.* Kiel: Institut fur Weltwirtschaft.

Salaff, Janet W. 1976. "The status of unmarried Hong Kong women and the social factors contributing to their delayed marriage," *Population Studies,* Vol. 30, No. 3.

——. 1981. *Working Daughters of Hong Kong.* Cambridge: Cambridge University Press.

Schenk, Catherine. 2001. *Hong Kong as an International Financial Centre.* London: Routledge.

Schiffer, J. 1991. "State policy and economic growth: a note on the Hong Kong model," *International Journal of Urban and Regional Research,* Vol. 15, No. 2.

Scott, Ian. 2000. "The disarticulation of Hong Kong's post-handover political system," *The China Journal,* No. 43.

——. 2005. *Public Administration in Hong Kong: Regime Change and Its Impact on the Public Sector.* Singapore: Marshall Cavedish Academic.

Shen, Jianfa, and Xiaolong Luo. 2013. "From fortress Hong Kong to Hong Kong – Shenzhen metropolis: the emergence of government-led strategy for regional integration in Hong Kong," *Journal of Contemporary China,* Vol. 22.

Sit, Victor F. S. 1982. "The policy of deliberate urbanization: a case study of Hong Kong," Victor F. S. Sit and Koichi Mera (eds.) *Urbanization and National Development in Asia.* Hong Kong: Summerson Eastern.

——. 1983. *Made in Hong Kong: A Study of Factories in Domestic Premises.* Hong Kong: Summerson Eastern Publishers Ltd.

Sit, V. F. S., and C. Yang. 1997. "Foreign-investment-induced exo-urbanization in the Pearl River Delta, China," *Urban Studies,* Vol. 34, No. 4.

Smith, David M. 1975. *Patterns in Human Geography.* London: David and Charles.

Tang, James T. H. 1999. "Business as usual: the dynamics of government-business relations in Hong Kong Special Administrative Region," *Journal of Contemporary China,* Vol. 8, No. 21.

Tao, Z., and Y. C. R. Wong. 2002. "Hong Kong: from an industrialised city to a centre of manufacturing-related services," *Urban Studies,* Vol. 39, No. 12.

Tsang, Donald. 2006. "Big market, small government," 18th September. At: http://www.ceo.gov.hk/eng/press/oped.htm.

Tsang, Steve. 2000. "Political developments in Hong Kong since 1997 and their implications for mainland China and Taiwan," *American Asian Review,* Vol. XVIII, No. 1.

Ure, Gavin. 2012. *Governors, Politics, and the Colonial Office.* Hong Kong: Hong Kong University Press.

Vines, Stephen. 1999. *Hong Kong: China's New Colony.* London: Orion Business Books.

Wong, Gilbert. 1996. "Business group in a dynamic environment: Hong Kong 1976-1986," Gary Hamilton (ed.) *Asian Business Networks.* Berlin: Walter de Gruyter.

Wong, Siu-lun. 1988. *Emigrant Entrepreneurs: Shanghai Industrialists in Hong Kong.* Hong Kong: Oxford University Press.

Wong, Stan Hok-wui. Forthcoming. "Real estate elite, economic development, and political conflicts in post-colonial Hong Kong," *China Review.* At: http://www.gpa.cuhk.edu.hk/staff/stan/realestateelite.pdf

Wong, Thomas W. P. 1991. "Inequality, stratification and mobility," Siu-kai Lau et al. (eds.) *Indicators of Social Development: Hong Kong 1988.* Hong Kong: Hong Kong Institute of Asia-Pacific Studies.

——. 1992. "Personal experience and social ideology," Siu-kai Lau et al. (eds.) *Indicators of Social Development: Hong Kong 1990.* Hong Kong: Hong Kong Institute of Asia-Pacific Studies.

——. 1995. "Economic culture and distributive justice," Siu-kai Lau, et al. (eds.) *Indicators of Social Development: Hong Kong 1993.* Hong Kong: Hong Kong Institute of Asia-Pacific Studies.

Wong, Thomas W. P., and Tai-lok Lui. 1992a. "Reinstating Class: A Structural and Developmental Study of Hong Kong Society," Occasional Paper No.

10, Social Sciences Research Centre, University of Hong Kong.

——. 1992b. "From One Brand of Politics to One Brand of Political Culture," Occasional Paper No. 10, Hong Kong Institute of Asia-Pacific Studies.

Wu, Xiaogang. 2009. "Income inequality and distrubtive justice: a comparative analysis of Mainland China and Hong Kong," *The China Quarterly,* No. 200.

Yeh, Anthony Gar-On. 1985. "Employment location and new town development in Hong Kong," Peter Hills (ed.) *State Policy, Urbanization and the Development Process*. Hong Kong: Centre of Urban Studies and Urban Planning.

——. 1987. "Spatial impacts of new town development in Hong Kong," David R. Phillips and Anthony G. O. Yeh (eds.) *New Towns in East and Southeast Asia*. Hong Kong: Oxford University Press.

——. 2003. "Public housing and new town development," Y.M. Yeung and Timothy K.Y. Wong (eds.) *Fifty Years of Public Housing in Hong Kong: A Golden Jubilee Review and Appraisal*. Hong Kong: Hong Kong Housing Authority and Hong Kong Institute of Asia-Pacific Studies.

Yep, Ray, and Tai-lok Lui. 2010. "Revisiting the golden era of MacLehose and the dynamics of social reform," *China Information,* Vol. 24, No. 3.

Youngson, A. J. 1982. *Hong Kong: Economic Growth and Policy*. Hong Kong: Oxford University Press.

中文部分

Monks, Sarah。2010。《玩具港——站在世界舞臺的香港工業》。香港：香港玩具廠商會。

任志剛。2003。〈經濟結構轉型加大收入不均〉。《信報》，2月7日。

伍錫康、呂大樂、陳訓廷。1987。《荃灣區婦女勞工工作情況調查報告書》。香港：香港政府印務局。

江迅。(2015)〈廣東南沙建新香港〉。《亞洲周刊》，第29期。

何榮宗。2012。〈回歸後香港社會的精英結構〉。《復旦政治評論》，第10期。

吳增定。2002。〈行政的歸行政，政治的歸政治〉。《二十一世紀》，第74期。

吳德榮、蕭楊輝。2014。〈珠三角的區域發展與規模政治〉，梁潔芬、盧兆興（編），《珠江三角洲發展與港澳之融合》。香港：香港城市大學出版社。

呂大樂。1997。《唔該，埋單！：一個社會學家的香港筆記》。香港：閒人行。

———。2001。〈由「唔阻人發達」到「點解畀你發達」——港人心態的轉變〉。《信報》，11月14日。

———。2004。《中產好痛》。香港：進一步多媒體。

———。2008。〈金融風暴後的香港中產階級〉。《中國研究》，第7—8期。

———。2011a。〈坐立不安：香港中產的社會心理狀況〉。《中國研究》，第14期。

———。2011b。《中產心事：危機之後》。香港：上書局。

———。2011c。〈終於需要面對未來：香港回歸及其設計上的錯誤〉。《思想》，第19期。

———。2012。《那似曾相識的七十年代》。香港：中華書局。

呂大樂、王志錚。2003。《香港中產階級處境觀察》。香港：三聯書店。

呂大樂、陳德榮。1987。《中區文員工作狀況及社會服務需要調查報告》。

香港：中區明愛服務中心。

呂大樂、黃偉邦。1993。〈階級、不平等與道德秩序〉，一國兩制經濟研究中心（編），《過渡期的香港》。香港：一國兩制經濟研究中心。

呂大樂、趙永佳。2004。〈後九七香港的政治失序：階級分析的角度〉，劉兆佳等（合編），《香港、台灣和中國內地的社會階級變遷》。香港：香港中文大學香港亞太研究所。

呂大樂、龔啟聖。1985。《城市縱橫：香港居民運動及城市政治研究》。香港：廣角鏡出版社。

李明堃。1996。〈香港社會階層的研究〉，蕭新煌、章英華（編），《兩岸三地社會學的發展與交流》。台北：台灣社會學社。

李思明。2010。〈住房與城市發展：政治經濟與地理空間〉，詹志勇等（合）編，《新香港地理》，下冊。香港：郊野公園之友會及天地圖書有限公司。

狄明德。1997。〈對 Albert O. Hirschman 某些理念的省思〉。《思與言》，第35期。

《明報》。2011。〈林鄭：棄建高密度新市鎮〉。11月10日。

金耀基。1985。〈行政吸納政治：香港的政治模式〉，邢慕寰、金耀基（編），《香港之發展經驗》。香港：中文大學出版社。

政府統計處。2008。〈居住或長期逗留在中國內地的香港居民的特徵〉，《主題性住戶統計調查：第35號報告書》。香港：政府統計處。

──。多年。〈在中國內地工作的香港居民〉。香港：政府統計處。

洪雯、張家敏。2014。〈香港服務業進入內地：對香港的可能影響及策略建議〉。《港澳研究》，第2期。

香港工業總會。2015。《珠三角製造──香港工業未來的出路》。香港：香港工業總會。

香港社會服務聯會。2011。〈專題：市民福利的社會規劃〉。《社聯政策報》，第10期。

香港政府工業署。1995。《一九九五年香港製造業》。香港：香港政府印務局。

香港政府拓展署。1993。《新市鎮發展二十年》。香港：政府印務。

香港特別行政區政府。2004。《2004年施政報告》。香港：香港特別行政區政府。

香港特別行政區政府民政事務局。2014。〈地區、社區及公共關係：諮詢及法定組織〉，下載自http://www.hab.gov.hk/tc/policy_responsibilities/District_Community_and_Public_Relations/advisory.htm

唐俊。2003。〈誰在打理香港上市公司〉。《信報財經月刊》，第310期。

張炳良。1988。《香港公共行政與政策》。香港：廣角鏡出版社。

──。2001。《變與不變：危機與轉型下的管治之道》。香港：進一步多媒體。

張筱蘭、葉兆輝。2010。〈香港與珠三角：跨境人口流動與人口政策〉。《青年研究學報》，第13期。

強世功。2008。《中國香港：文化與政治的視野》。香港：牛津大學出版社。

梁曉。2007。〈香港金融中心和兩極分化〉。《香港傳真》（中信泰富政治暨經濟研究部）。7月25日。

莊玉惜。2011。《街邊有檔大牌檔》。香港：三聯書店。

陳方安生。2001。〈政務司司長致辭全文〉。香港特別行政區政府新聞公報，4月19日。

曾澍基。2010。〈香港經濟轉型的歷史弔詭〉，李耀全（編），《香港社會與經濟轉型中的牧養》。香港：香港中文大學崇基神學院。

曾銳生。2007。《管治香港：政務官與良好管治的建立》。香港：香港大學出版社。

黃綺妮。（2013）《戰後香港社會流動研究》。北京：中國社會科學出版社。

楊春。1997。〈香港投資因素與珠江三角洲的城市化：回顧與前瞻〉。《中國社會科學季刊》，第18－19期。

葉兆輝、傅景華。2007。〈否定M型社會之說，言之尚早〉。《明報》，3月29日。

雷鼎鳴。2007。〈香港並無出現「M形」社會〉。《明報》，3月21日。

劉兆佳。1985。〈工業都市環境下之中國家庭形態：香港的個案研究〉，邢

慕寰、金耀基（編），《香港之發展經驗》。香港：中文大學出版社。

——。2000。〈行政主導的政治體制：設想與現實〉，劉兆佳（編），《香港二十一世紀藍圖》。香港：中文大學出版社。

蔡榮芳。2001。《香港人之香港史》。香港：牛津大學出版社。

蔡寶瓊。1998。《晚晚六點半》。香港：進一步多媒體。

——（主編）。2008。《千針萬線：香港成衣工人口述史》。香港：進一步多媒體。

鄧樹雄。2006a。〈積極不干預主義回顧與發展〉，《明報》，9月21日。

——。2006b。〈歷史有趣的鏡頭不斷重演〉，《明報》，9月22日。

濱下武志。1997。《香港大視野》。香港：商務印書館。

薛鳳旋。1985。《香港的小型工業》。香港：香港大學亞洲研究中心。

——。1989。《香港工業：政策、企業特點及前景》。香港：香港大學出版社。

譚安厚等。2010。《全球創業觀察：香港及深圳研究報告2009》。取於 http://entrepreneurship.bschool.cuhk.edu.hk/sites/default/files/project/global-entrepreneurship-monitor-hong-kong-and-shenzhen-2009/gem2009reportchi.pdf